# NILTON BONDER

# Cabala e a arte de presenciar o ritmo

Presenciando o momento, a duração, a mudança e o fim

Copyright © 2023 by Nilton Bonder

Ilustrações em colagem digital:
MARCIA ALBUQUERQUE

Direitos desta edição reservados à
EDITORA ROCCO LTDA.
Rua Evaristo da Veiga, 65 – 11º andar
Passeio Corporate – Torre 1
20031-040 – Rio de Janeiro – RJ
Tel.: (21) 3525-2000 – Fax: (21) 3525-2001
rocco@rocco.com.br
www.rocco.com.br

*Printed in Brazil*/Impresso no Brasil

Preparação de originais
NATALIE DE ARAÚJO LIMA

**CIP-BRASIL. CATALOGAÇÃO NA PUBLICAÇÃO**
**SINDICATO NACIONAL DOS EDITORES DE LIVROS, RJ**

B694c

Bonder, Nilton, 1957-
  Cabala e a arte de presenciar o ritmo : presenciando o momento, a duração, a mudança e o fim / Nilton Bonder ; ilustração em colagem digital Marcia Albuquerque. - 1. ed. - Rio de Janeiro : Rocco, 2023.
  (Reflexos e refrações ; 7)

  ISBN 978-65-5532-334-4
  ISBN 978-65-5595-184-4 (recurso eletrônico)

  1. Cabala. 2. Ritmo - Aspectos religiosos - Judaísmo. I. Albuquerque, Marcia. II. Título. III. Série.

23-82389
CDD: 296.16
CDU: 26-587

Meri Gleice Rodrigues de Souza - Bibliotecária - CRB-7/6439

O texto deste livro obedece às normas do
Acordo Ortográfico da Língua Portuguesa

**Impressão e Acabamento: EDITORA JPA LTDA.**

# SUMÁRIO

INTRODUÇÃO ................................................................... 5

## I
## Cabala e o Ato de Presenciar

Ritmo ............................................................................... 11
Ritmo e presença ............................................................. 14
Ritmo e o pilar lateral da Árvore ..................................... 17
Melodias e harmonias ..................................................... 19

## II
## Ritmos e Presenças

Melodias (Ritmo objetivo) ............................................... 25
  Melodia física – Momento
  (A nota da semana) ...................................................... 25
  Melodia emocional – Duração
  (O compasso do mês) ................................................... 34
Harmonias (Ritmo subjetivo) .......................................... 42
  Harmonia intelectual – Mudança
  (O andamento da festa) ............................................... 42
  Harmonia espiritual – Fim
  (A pausa do sábado) .................................................... 52

## III
## Arritmias e Ausências

Ruído físico – Preocupação (Presente futuro) ................ 65
Descompasso emocional – Ansiedade (Passado futuro) .... 72
Dissonância intelectual – Hábito (Presente passado) ...... 78
Desafinar existencial – Tédio (Presente presente) .......... 86

APÊNDICE ........................................................................ 95

# INTRODUÇÃO

> *A fala é a caneta do coração; a música é a caneta da alma!*
>
> Rabi Sheur Zalmand de Liadi

A intenção deste livro é ser um canto. Há uma melodia que perpassa toda a existência. Ela pode ser ouvida no vácuo do espaço, no estalar ritmado de um crescimento. Ela dá andamento a todas as coisas e seres, permite que haja a transformação e a mudança. Não fosse essa melodia, haveria uma total inércia preenchida por um gélido silêncio absoluto.

Se pudéssemos perceber o dilatar, o decompor e o corroer das matérias; ou o alterar, o progredir e o decair das coisas; ou o malear das membranas, o esticar das fibras, o multiplicar das células, escutaríamos a mais incrível sinfonia do Universo. Concerto entoado pelo mais fantástico dos corais, composto por miríades de anjos, como aqueles descritos no *Midrash*: "Cada lâmina de grama tem um anjo que se curva sobre ela e sussurra: 'Cresça, cresça.'" (Midrash Raba, Bereshit, 10:6)

Este sussurro é o canto dos anjos da transformação. Eles tecem o tempo que nos atravessa e nos carrega do mundo do que era até o mundo do que é, e depois, de forma contínua, ao mundo do que será. Esse eco que retumba e empurra toda a existência para o futuro é um mistério formidável.

Neste último livro da série Reflexos e Refrações, vamos falar sobre o desenvolvimento e a maturação – elementos vibrantes de nossa Árvore e que estão localizados no tronco. A coluna vertebral de uma árvore não apenas arquiteta o sistema, dando-lhe sustentação, mas é sua história passada. Seus gomos e suas camadas narram os vários ciclos experimentados pela planta.

E se os anjos que sussurram aos brotos para que cresçam são indeléveis e discretos, imagine aqueles que encorajam os troncos a se desenvolverem? Podemos passar pela árvore muitas vezes sem que percebamos o microtiritar de sua estrutura em expansão; de seus filamentos que se rompem e se costuram no passar dos ciclos.

Essa dimensão reverberante do tempo, do compasso, do andamento e da pausa é que está entranhada nos troncos e nos corpos da vida. Ali está a pulsação melódica da presença detectada e sonorizada pelo coração. Seu bombeamento rítmico conta os tempos da existência e os subtrai da finitude de tudo. Esses blocos de presença, porém, são responsáveis pelo futuro e pelas transformações. Eles arvoram a árvore!

Neste sétimo e último livro da série, almejamos tornar perceptível o imenso e tácito mar que nos carrega pelo tempo. Suas unidades não são um encadeamento de "agoras", como imaginamos, mas uma intrincada relação de transformações que põe o real em andamento.

# I

## CABALA e o ATO de PRESENCIAR

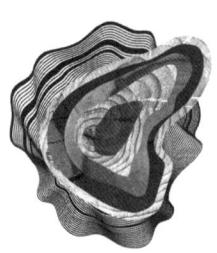

# Ritmo

Não é fácil definir o que é ritmo. Ritmo é o que faz uma música ser música. Notas, melodia e acordes podem ser descritos como vibrações em ondas sonoras que os tímpanos detectam. Já o ritmo tem mais a ver com a capacidade humana de perceber o tempo. O ritmo é a maneira como a música é dividida em batimentos que se repetem dentro de um compasso, com uma velocidade ou "tempo". O coração tem um ritmo, o dia tem um ritmo, a vida tem um ritmo. Tudo aquilo que é percebido num certo intervalo pelos humanos é a expressão de um ritmo. Isso permite que, para além do silêncio, ouçamos também uma toada, uma sonância que permeia toda a realidade.

Vulgarmente, tratamos essa percepção como tempo, a duração de um intervalo. No entanto, mais do que uma medida concreta, o tempo é uma passagem, um deslocamento, que será percebido pelo seu ritmo. O tempo do prazer e o tempo do medo, o tempo da espera e o tempo da distração, o tempo da expectativa e o tempo da preguiça, cada um terá um ritmo em intervalos de medidas idênticas.

Nosso interesse é refletir a respeito de tal componente do sistema, componente este que nos faz experimentar a presença temporalmente. Ele é responsável pelas mudanças e manifesta o efeito da passagem de nossa existência. O ritmo é parte orgânica do sistema, estando encarregado do crescimento e amadurecimento de um indivíduo. Esse ritmo será dado por interações internas e externas, e determinará uma melodia e uma modulação específicas.

No âmago do ritmo está a mudança por alternância ou variação, o que gera um movimento. Esse é o efeito que o tempo produz e que nos parece tão misterioso. Seria o tempo um rio, como se estivéssemos numa corrente mais caudalosa do que o nosso consentimento, e que nos arrasta na sua direção?

A natureza do tempo é a mesma natureza do espaço. Até Einstein, imaginávamos que o espaço era um caldo, uma sopa denominada "éter", onde os planetas deslizavam contendo todas as coisas em seu interior. Foi o cientista que primeiro compreendeu o espaço não como uma substância, mas como o efeito que um planeta ou um corpo gera em torno de si. Se você tirar o planeta ou a matéria próxima, não há espaço. O espaço são as vibrações ou interferências da presença de uma massa.

Foi desse entendimento que se concluiu que o horizonte cósmico é finito, pois se ele engloba uma massa finita de corpos celestes, quando estes cessam, termina também o espaço. Ou seja, o espaço é o produto de coisas e contém uma certa quantidade de coisas, o que o torna finito.

Da mesma forma, até Newton, o tempo era uma realidade em si mesma. O tempo era uma substância, um miolo dotado de constituição própria. As coisas estavam no tempo, quando na verdade são também as coisas que causam o tempo. São as variações e as mudanças entre as coisas que estabelecem o tempo. Ou seja, tempo e espaço são intrinsecamente relativos às coisas, às massas que existem no Universo.

Nossa árvore – nosso sistema – interage com essa realidade. O tronco, elemento em destaque neste livro, representa a relação com essa variável que é o ritmo. O tronco instrui e direciona o sistema em sua relação com o tempo, a progressão, a marcha e os limites da árvore.

## Ritmo e presença

> *Rabi Uri ensinou:*
> *"O ser humano é como uma árvore: se você ficar reparando numa árvore e checar incessantemente se ela está crescendo ou se cresceu, não perceberá nada. No entanto, faça podas na árvore e a proteja de vermes e, no tempo certo, ela crescerá. Assim é com o ser humano: tudo aquilo de que necessita é ultrapassar seus obstáculos para florescer e crescer. Porém, não é correto examiná-lo a cada instante para checar o quanto somou a seu crescimento!"*
>
> Buber, *Early Masters*, p. 148

A expectativa de ver a árvore crescendo representa o desejo de controlar e entender o tempo. É errado pensar que o crescimento não é visível só porque demora muito para ser processado ou que o nosso instante é pequeno demais para registrar sua mudança. A questão é que esse crescimento é uma relação entre o passado e o futuro.

O passado já não existe mais e o futuro ainda não aconteceu. Tudo o que nos resta é o presente, prensado num piscar de olhos. Seria o presente um segundo? Seria um nanossegundo? O presente é o ponto de uma reta que, quando observado no microscópio, nunca se conecta com o outro ponto porque há sempre um presente menor que lhe usurpa a ocorrência. O presente é real, mas não tem tempo para ser celebrado, pois já se fez passado.

Julgamos que o passado é o que foi e que existe, mas o passado não tem manifestação própria no atual e continua dependendo do presente para ter existência, seja no resultado de sua jornada, seja na memória. O mesmo ocorre com o futuro, que por não ter se manifestado, não tem qualquer autonomia, sendo totalmente dependente do presente. O passado não mais há, o futuro ainda não houve e o presente não consegue se realizar porque há sempre uma fração menor do presente que o confisca de si próprio.

Rabi Uri intui que o tempo não existe em separado e que passado, presente e futuro são indissociáveis. E, apesar de as coisas só acontecerem no presente, já que nada ocorre nem no passado nem no futuro, ele também é intangível. Apenas o contínuo do passado-presente-futuro nos dá a ilusão de um fluxo, revelando que o tempo é o próprio movimento daquilo que se transforma.

A ansiedade pela antecipação, o querer ver as coisas crescerem ou se movimentarem, tudo isso pertence a uma compreensão equivocada do tempo. O presente é uma ponte entre o passado e o futuro, mas não se pode estar sobre ela. A única forma de presenciá-lo é quando nos sintonizamos com o canto, o ritmo que se relaciona com tudo o mais, pois é ele que nos oferece o tempo. A presença, portanto, não é um estado, mas uma relação. Da mesma forma, o tempo precisa das mudanças, das transformações, para que seu pulsar e sua cadência sejam provocados.

Vamos buscar os tempos presenciais e seu ritmo em quatro mundos: o momento (no mundo físico da presença), o compasso (no mundo emocional da duração), o andamento (no mundo intelectual da mudança) e a pausa (no mundo espiritual do término).

# Ritmo e o pilar lateral da Árvore

Estamos no pilar lateral esquerdo, mais especificamente no atributo de *Hod*, que pode ser traduzido como "reverberação", "eco", "refinamento". O pilar lateral é relacional entre a árvore e o exterior. O lado esquerdo, no entanto, se manifesta numa relação que parte do mundo para o indivíduo. Enquanto o lado direito (afeto e cura) vai no sentido do indivíduo para o mundo, o esquerdo manifesta os dois grandes impactos do mundo externo – os riscos e o ritmo.

Ao localizar-se na coluna lateral da Árvore, o comportamento sistêmico encontra-se no modelo 1,2,1,2. Ou seja, o momento (1) da melodia se relaciona com o andamento (1) da harmonia, enquanto a duração (2) da melodia é correlata à pausa (2) da harmonia. O momento da melodia e o andamento da harmonia são estados. Já a mudança e a pausa não são estados, mas decursos transitórios ou intermediários.

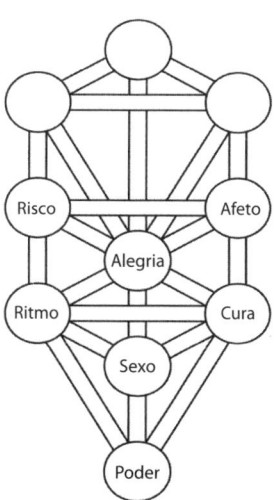

Esse é o braço do crescimento estrutural. No topo está o Risco, expresso pelos galhos, que se expandem por apostas, sempre margeadas pela míngua ou pela fartura, pela timidez ou pela ousadia. Logo abaixo está o tronco responsável por acompanhar o ritmo, o aspecto que conhece medida e limite. É, portanto, a esfera da mudança, do que se pode, e até onde se pode, modificar. Nele estão o crescimento, o envelhecimento e a morte da árvore em sua exposição ao tempo.

A razão de ser, conhecida também como a dimensão do "Refinamento", se deve exatamente à capacidade de se expor à mudança. A possibilidade de uma nova versão, de um 2.0 e assim por diante, deve-se à possibilidade de refinamento que o tempo oferece. Esse efeito é operado justamente porque o tempo é a própria mudança que incrementa e esculpe.

O tronco exerce a função de efetuar tanto o crescimento e o aprimoramento, como, simultaneamente, o envelhecimento e a extinção. Todos esses são efeitos do canto e do eco, que ressoam entre todas as coisas e determinam o ritmo. Quem ouve esta melodia é o tronco; nele estão o passado, o presente e o futuro.

# Melodias e harmonias

O rei Davi habitou em cinco mundos e compôs uma canção para cada um deles. Quando estava no útero de sua mãe, ele pronunciou a canção: "Abençoe o Eterno, ó minha alma, e tudo o que responde por mim, abençoe seu nome sagrado!"

Sl. 103:1

Quando veio para fora e conheceu o ar do mundo, contemplou as estrelas e os planetas e declamou a seguinte melodia: "Abençoem o Eterno, vós, Seus anjos; abençoem o Eterno, vós, Seus servos!"

Sl. 103:21

Quando ele sugou o leite do peito de sua mãe e apreciou seu mamilo, celebrou: "Abençoa o Eterno, ó minha alma, e não te esqueças de todos os amamentados."

Sl. 103:2

> Quando ele viu a decadência dos perversos, vocalizou a seguinte melodia: "Os pecadores são consumidos pela terra, e os maldosos não prevalecerão."
>
> Sl. 104:35
>
> Quando refletiu no dia de sua morte, entoou a canção: "Abençoa o Eterno, ó minha alma; ó Senhor, meu Deus, és muito poderoso, vestido de glória e majestade... Tu ocultas a Tua face e eles desaparecem; Tu retiras o Teu respirar e eles perecem!"
>
> Sl. 104:1

Vemos, neste comentário, a relação entre presença e música. O rei Davi entoa um canto para cada presença distinta que experimenta. Entoa a existência por seu contato com o útero; entoa a vida ao experimentar o nascimento, os vínculos através dos relevos do mamilo, a realidade por meio das pessoas e o fim com a ajuda da morte. Ele faz o que é intuitivo em todos nós: quando somos tocados por algo, de imediato, uma melodia se apresenta. Essa trilha sonora para um evento impactante é a expressão da presença.

Sobre este ritmo inerente às relações e interações é que refletiremos. Suas quatro dimensões se dividem em melodias e harmonias. Melodias são compostas de notas formadas por diferentes frequências sonoras, enquanto que as harmonias são a combinação de notas que geram sons que se equilibram entre si. A melodia representa a horizontalidade da música; A harmonia, sua verticalidade. O tempo e a duração, nós os trataremos como a melodia, a parte mais concreta – física e emocional – da música; e a mudança e a pausa/fim, como a harmonia, a parte mais intangível – intelectual e espiritual – da música.

A narrativa musical é feita das notas e dos compassos que representam o tempo e a duração. Essa melodia particular do presente, juntamente com o andamento e a pausa – as harmonias que derivam das mudanças e do fim – compõem o ritmo da presença.

Devemos assim reconhecer que, onde houver vida, haverá sempre uma música ambientando essa presença. Razão pela qual os mesmos Salmos de Davi anunciam: "O que é morto não enaltece o Criador" (Salmo 115). Já o que é vivo, por definição intrínseca, louva e canta porque está presente. E esta será a nossa ferramenta para falar e tentar aprender sobre um presente que, se não tem tempo, possui, no entanto, uma toada.

# II

## RITMOS e PRESENÇAS

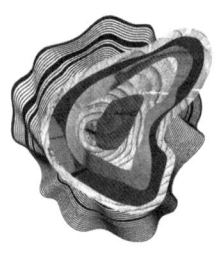

# Melodias (Ritmo objetivo)

## Melodia física — Momento (A nota da semana)

> *Resh Lakish disse: "Existem sete firmamentos... O primeiro deles é a 'Cortina'. Seu propósito não é outro senão o de se recolher para a bainha de manhã a fim de voltar a se abrir à noite, renovando diariamente, dessa forma, o espetáculo da Criação."*
>
> Talmud Hag 12b
>
> *"Deus renova, com sua bondade, todos os dias e para a Eternidade, o Feito da Criação!"*
>
> Sidur (Livro de Orações)

Para a tradição judaica, o tempo não antecede a Criação, mas é parte dela, razão pela qual não existe um "antes" da Criação. A criação do tempo está associada a algum propósito. Se a Criação fosse perfeita e estática, um ato de concepção plenamente estabelecido, não haveria necessidade de tempo. O tempo só se justifica se há um processo relativo e interativo entre os entes que existem, gerando um decurso de progressões. Como um refinamento de evoluções que podem ser consonantes ou dissonantes, o tempo possibilita transformações e desenvolvimento. E, assim como foi criado, o tempo implica um fim, sendo este intervalo responsável pela produção de um ritmo. A tensão entre o começo e o final do tempo é o que permite a manifestação do ritmo e, com ele, nossa incrível presença. O que estabelece o momento presente é a presença, não uma medida real de tempo. Como dissemos, um momento presente poderia ter a duração de um nanossegundo, por exemplo, e viveríamos todos numa realidade semelhante à dos fotogramas em bloquinhos que antecederam o cinema, onde o mesmo desenho ou foto, com pequenas variações, se repetia e criava a sensação de movimento. O presente não parece ser um desses desenhos específicos, em particular porque ele poderia ser tanto de uma fração de segundos como de uma semana ou um mês. Que medida teria o privilégio de corresponder a um momento exato? Algo como um momento padronizado de Greenwich!

Quando vivemos um momento muito intenso ou traumático, guardamos uma memória reverberante em que os fotogramas da recordação têm dificuldade de representá-lo. Ele se torna, então, distorcido, com um delay, trazendo a sensação de ser uma experiência vivida no presente. E, mesmo ocorrendo naquele instante, a experiência acontece como um passado.

Nossas citações parecem ter outra sugestão para que entendamos o tempo. O Criador recria a cada instante o Feito da Criação. Há uma dimensão celeste-quântica em que, a cada momento, o Universo é recriado. Ele teria que ser recriado porque não tem uma essência existente *per si*; a cada período, teria que ser revitalizado pela ânima de sua substância. E assim o tempo não poderia ser reduzido a um átomo, ou a um átimo, um fragmento presencial. Talvez as citações sugiram que o tempo é dependente de um propósito, de um projeto, para que possa se desenrolar.

Tal sugestão pode parecer bizarra, mas há fenômenos quânticos que identificam processos de existir e "não-existir" alternados em subpartículas da matéria. Como a citação da liturgia judaica, o Criador, com sua "bondade", recria o tempo eternamente. E a "bondade" não é um adjetivo com o sentido de benemerência, mas sim o "bom" que o Criador manifesta a cada dia da Criação: "E viu que era bom!" Esse "bom" é o encaixe com alguma finalidade ou intenção. Ou seja, para que o tempo exista, faz-se necessária a intenção de um processo.

A ligação do tempo com um propósito parece ser uma regressão a pensamentos de eras pré-científicas. No entanto, a consciência humana conhece essa ligação. Nossa relação com o tempo é estranha. Se passamos uma hora sem fazer nada, isso gera um efeito inconsciente de desperdício, e ficamos mal. O fato de o tempo ter andado e termos ficado parados gera mal-estar. Assim é com o ser humano. Como se estivéssemos sendo engolidos pelo passado, já que não fomos capazes de produzir um presente.

Ficamos deprimidos se o tempo passa e não colocamos em ação algum potencial ou dom de que dispomos. Para nós, humanos, que nos imaginamos com poderes de livre-arbítrio, o tempo sem escolhas, ou o tempo inconsciente, nos atropela. Desejamos experimentar constantemente a presença que se encontra nas escolhas que fazemos a cada presente. Quando alienados de nossa autonomia por decisões, "matamos o tempo", como dizem as crianças nas escolas. Vemos que o arbítrio intensifica a percepção do tempo porque tudo em nossa consciência parece se mover por encadeamentos de causa e efeito.

Por isso, na mente e no imaginário, a presença pode se dilatar ou se contrair no tempo. Enquanto sonhamos, podemos, por exemplo, ficar cem vezes mais presentes em uma unidade de tempo do que quando estamos despertos.

Na vigília, experimentamos o aparecimento de outros elementos da realidade, o que torna a presença mais restrita e tímida – e assim o tempo assume o controle. O sonho não nos permite fugir da presença, exatamente porque intensifica os sentimentos em detrimento dos sentidos, que se encontram entorpecidos pelo sono. Percebemos então que a percepção de um tempo encadeado ganha força na dimensão física dos sentidos, em prejuízo da presença, que é atenuada.

Por esta razão, o tempo comum sugere uma cognição objetiva de movimentos, comumente ditada pela nossa "agenda".

Estar em uma reunião, por exemplo, nos localiza cronologicamente a tal ponto, que dizemos: "Agora não posso, estou em uma reunião." Essa condição de presença, por meio dos sentidos, fotografa e congela o momento como a dimensão do ritmo que denominamos *tempo*. Não é necessariamente verdade que você esteja na reunião. Talvez você esteja pensando no seu filho, e sua presença esteja em outro cenário ou narrativa, mas os sentidos impõem o tempo "real" de estar na reunião.

O ritmo objetivado pelos sentidos, que nos faz ir de um ponto a outro, de um interesse a outro, é o tempo dos eventos. A presença se torna limitada ao ritmo dos eventos. A esse ritmo a tradição judaica designa o termo *chol*, o mundano, ou o vácuo.

*Chol* é a condição de presença nos eventos. Representa os ciclos, os dias da semana, que são os dias de trabalho e objetividade. Não nos damos conta, mas o que torna este tempo objetivo é a busca por sustento e sobrevivência, características dos "dias da semana". O fato de existir um propósito específico, por si só, impacta e influencia o tempo. Esse é o tempo da física, o tempo que é um emaranhado de fenômenos relevantes.

Para a física, o tempo estará intrincado com a velocidade dos corpos, o que dita a passagem de eventos. E a mesma definição de espaço, ou seja, a interpolação das influências que as matérias exercem umas sobre as outras, é trasladada para a definição de tempo. O tempo é a interação de todos os eventos, ou seja, são os movimentos e as transformações. Por isso, para estarem no mesmo tempo, as coisas devem estar sob o impacto da mesma velocidade. Se você mudar esta condição, as coisas não se encontram no mesmo tempo.

O conceito de *chol* é exatamente esse: o vácuo, produzido pela interação de eventos, que gera o tempo dos fenômenos, que nada mais são do que a tal relação de causa e efeito. A presença de um catalisador promove uma reação que, por sua vez, catalisa outra reação. Desta explosão de eventos nasce o tempo. Razão pela qual o tempo zero é chamado de Big Bang, um grande disparo inicial deste jogo de impactos e influências.

*Chol* é o andamento que o mundano impõe, sendo ele o mero propósito de manter a si mesmo e de cuidar dos aspectos físicos da existência. É uma rotina – de caça para o animal ou de despertar para a fotossíntese vegetal – capaz de provocar um propósito vivido por um ritmo específico.

Na citação de Resh Lakish, este é o primeiro firmamento, a cortina cujo propósito é o de "se recolher para a bainha de manhã a fim de voltar a ser aberta à noite, renovando diariamente, dessa forma, o espetáculo da Criação". Os eventos da rotina marcam o tempo físico. E, para que este pertença à dimensão física, é necessário reproduzir o catalisador inicial da própria Criação. A concretude desse tempo só pode ser medida por estes pulsos de "se fazer existir e inexistir" constantemente. O propósito faz existir, e o término do propósito, inexistir. São pulsares de uma constante sinfonia de notas, de eventos que compõem a Criação. Porém, não se trata de uma

Criação localizada no passado, mas no próprio presente, a cada presente. Ou seja, a Criação é a possibilidade do próprio presente, este que, para produzir um tempo, depende do mesmo suposto catalisador do *Big Bang* – o evento inicial, talvez mais bem caracterizado como o *Recurring Bang*, a explosão recorrente de eventos.

Cada momento seria não uma medida, mas um entrelaçado de eventos relevantes que interagem e formam um presente. Nem tudo aquilo que existe precisa ser relevante a cada momento. Pode ser que o ritmo de algo seja tão longo, que não se faça relevante no tempo de um presente específico. Porém, tudo o que existe está no marco do tempo, e, mais cedo ou mais tarde, se manifestará com sua relevância. Como está apontado na Ética dos Ancestrais:

> *Ben Zai costumava dizer: "Não despreze ninguém e não desdenhe de nada, pois não há coisa viva que não tenha a sua hora e não há objeto que não tenha o seu lugar."*
>
> Pirkei Avot 4:3

Os tais "hora" e "lugar" são o flagrante de quando algo assume a condição de "evento", passando a participar do presente. Disso são feitos os "dias da semana".

Essa relação física com o tempo produz *chol*, os eventos, ou as notas musicais de uma melodia invisível. Porém, só com essa dimensão do tempo não temos acesso ao ritmo, pois ela se assemelha a um ruído composto de diversas frequências sonoras juntas e desarmônicas. Neste encadeamento, a vida dos eventos tem a aparência sequencial, mas não produz o sentimento de uma progressão. Sendo assim, é terreno estéril para a presença. Tão débil é a presença no tempo rotineiro e linear que nos esquecemos dele. A lembrança é o registro da presença, e a rotina é repleta de lugares nos quais estivemos fisicamente e sequencialmente, mas onde nunca estivemos presentes.

Então, o primeiro ritmo que temos são os dias da semana. Os dias são unidades convencionadas de tempo, obviamente eleitas a partir da rotação terrestre. Porém, o que lhes oferece ritmo é o fato de estarem inseridos numa elementar forma de ciclo – a semana. Ou seja, o tempo sequencial para qualquer habitante da Terra, o tempo comungado por todos, ele só ganha "notas" para compor cada dia devido ao elemento "semana". Cabe ao ciclo da semana permitir ao domingo, à segunda ou à terça-feira que sejam eventos relevantes, ganhando em densidade temporal. Fossem os dias iguais, o tempo perderia potência para promover presença. Não é por acaso que o primeiro marcador que utilizamos na testagem da consciência humana é: "Você sabe que dia é hoje?" Dias iguais farão a pessoa perder o relevo do tempo. Saber que hoje é quarta-feira, por exemplo, vincula a unidade de tempo a um ciclo, ou seja, lhe confere ritmo. Sem ritmo, como já dissemos, a presença fica impossibilitada.

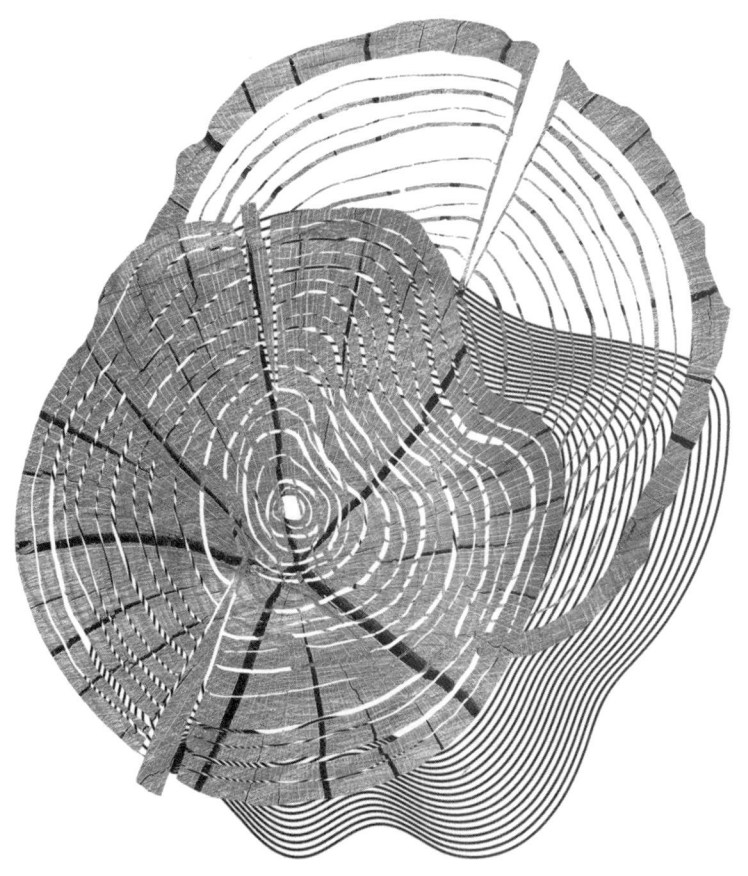

## Melodia emocional — Duração (O compasso do mês)

> *Um beduíno me disse: "Venha comigo, vou te mostrar o lugar onde a Terra e os Céus se beijam." Levei comigo a minha cesta e eu a depositei sobre uma janela dos Céus. Quando concluí as minhas orações, procurei pela cesta e não a encontrei. Eu disse ao beduíno: "Acaso há ladrões nos Céus?" Ele me respondeu: "Esta é a esfera celeste que está constantemente girando; espere até amanhã neste lugar e você encontrará a sua cesta novamente."*
>
> Talmud, Baba Batra 74a

A esfera emocional do ritmo é marcada pela mudança. A variação vai ser mais um elemento para presenciar o ritmo. Os eventos que descrevemos no tempo físico como "notas" estanques ganham complexidade quando inseridos num sistema. E, para os humanos, a relação entre a Terra e a Lua representou um ícone deste tipo de ocorrência. Enquanto a Terra provia por movimentos o tempo do dia, de um dia a outro, atravessando a noite, a Lua oferecia uma outra dimensão de eventos: a duração. Diferentemente do Sol, idêntico em todas as suas aparições, a cada sete dias, aproximadamente, a Lua ganha uma nova configuração e executa um ciclo. O *chadash*, o novo, originou assim o conceito de mês, *chodesh* – que podemos traduzir, literalmente, como "as durações". Esse passou a ser o termo para designar o ciclo de durações lunares até que fosse completado o seu giro e, subsequentemente, o seu recomeço. E dessa forma se constituiu uma noção de compasso. O tempo pode ser apreciado então por analogia às emoções humanas. As emoções são movimentos: "e-moções." A duração de um humor em nossa experiência cotidiana marca a nova feição de um sentimento. Caso o sentimento não variasse, não seria possível identificar uma emoção. Nossas emoções estão atentas às durações e provocam reações, eventos, em nossa experiência. E estas reações são manifestações de presença. Esta é ativada por sentidos, quando são acionados sentimentos que interagem com as instabilidades de outros eventos. O engate de eventos é tal que, dessa forma, produzem-se outros eventos. Isso é o que caracteriza a duração, permitindo a percepção do ritmo, das etapas e dos ciclos.

A duração produz um impacto que não pode ser absorvido pelo evento anterior, exercendo sobre ele uma pressão que estabelece um novo evento.

O fragmento do Talmud que citamos há pouco é bastante ilustrativo. Por meio de um olhar cíclico, as roldanas cósmicas aparecem como um elemento do tempo. Ali estão representadas duas exterioridades distintas – a Terra e os Céus. E eis que há uma novidade, ou seja, o lugar onde eles se interceptam. Tal lugar é simbolizado por um beijo. Este ponto produz durações, razão pela qual a cesta irá desaparecer. E, claro, para que se possa explicar a duração, os Céus não conhecem ladrões, pelo menos não tais como aqueles de natureza terrena. O beduíno apresenta então o tema da duração dos ciclos. A revisitação de um estado ou condição não é uma lei da natureza, mas sua ocorrência. Passar por estados variados é uma maneira de revelar interações de eventos que estão intrinsecamente ligados à duração e ao ritmo.

O fato de que se estabeleça um "compasso" para os dias da semana amplia a caracterização das "notas" oferecidas pelos dias. O compasso se fecha a cada duração das fases da Lua, que funda a semana. Esse é o ritmo manifesto no tronco de uma árvore. Cada seção ou pedaço do tronco revela uma duração concluída e outra recomeçada no ritmo de seu crescimento. Ali estão os meses, os "novos" que surgem no final de sua duração.

A duração manifesta um outro aspecto do ritmo. Só o fato de que algo terminou desenha vestígios de tempo em nossa consciência. As alterações em ciclo, porém, são mais impressionantes e robustas porque designam eventos que se acoplam e se combinam, deixando, nesse processo, rastros de ritmo e temporalidade.

> *Os anjos perguntaram a Deus: "Quando ocorrerá o início do novo mês [no início do ano novo]?" "Eu não sei", Deus respon-*

> *deu. "Desçamos todos até o tribunal rabínico [que decreta os meses] e vejamos o que eles deliberaram!"... Isto se reflete nos livros de oração, nos quais para os meses que registram as Festas é dito: "Aquele que abençoa Israel e os dias dos Festivais", demonstrando que Deus santifica Israel e este, por sua vez, santifica os Festivais. Isso é diferente do shabat, do sábado, quando é dito: "Aquele que abençoa o shabat", ou seja, é Deus quem diretamente estabelece quando ocorre o shabat (o sábado).*
>
> Talmud, RH, 32b1

Neste fragmento rabínico, vemos uma forma diferente de estabelecer o ritmo. Diferentemente do tempo físico, que é a somatória de velocidades relevantes de um determinado espaço, o tempo emocional, produzido por durações, se mostra relacional. A ideia de que Deus não determina o início de um novo mês e que tal decisão está na alçada de um tribunal humano representa essa condição. Na tradição rabínica, o novo mês era estabelecido por duas testemunhas que se apresentavam a um tribunal e declaravam ter visto o início do ciclo lunar.

Apesar de seu depoimento ser sobre um evento cósmico, a potência deste tempo está em seu testemunho. Como se não houvesse um tempo absoluto – nem Deus poderia assegurá-lo sem saber o que a corte terrena havia determinado.

Assim como o tempo de transição de fase lunar não é uma medida absoluta, mas apenas a observação do sombreamento da superfície lunar vista desde a Terra, esse tempo tem como referência o olhar e a percepção humana. Trata-se de um tempo que não pode ser mensurado em nenhuma outra condição que não a da experiência humana. Deus não conhece o "novo" porque este é um fenômeno ligado a uma sensação de duração e de passagem. O que determina esta esfera do ritmo não são presentes ou sucessões de presentes, mas etapas do período de um ciclo.

As semanas que produzem o mês não se baseiam numa experiência de tempo sequencial, mas na observação de durações. Esse tempo não existe como uma essência, mas é uma relação implícita que produz uma temporada. Esse período tem um efeito que contribui para a sensação de passagem do tempo, aqui representando a esfera emocional, ou seja, do que está em moção.

Assim, o tempo lunar é responsável por todos os tempos que só existem para o relógio pessoal. São as emoções que se moldam no exemplo das fases lunares. Perceberemos o tempo moldado pela fase emocional em que estivermos, e seu ciclo terá as características da relação emocional com o momento. Quando começam ou findam estas fases, tudo dependerá do testemunho daquele que estiver exposto às emoções.

Nem Deus ou qualquer outra pessoa poderá determinar esse ritmo. Como um compasso que se fecha por decisão única do compositor da melodia, o tempo do mês, ou do ciclo das semanas, tem uma autoria. É no mínimo curioso que o ciclo lunar esteja sincronizado com o ciclo menstrual (*mensis*, "mês" em latim). Possivelmente, por processos evolutivos, esse paralelo se dá por uma relação de causalidade. Não seria, no entanto, um tempo cósmico de maturação ovular, mas uma medida característica de um tempo cíclico: um tempo de maturação (Lua crescente), com seu apogeu na fertilidade (Lua cheia), seguido da menstruação (Lua minguante) e da fase estéril (Lua nova). A experiência de tempo percebida pela duração tem seu eixo no fenômeno da alternância. Diferentemente da transformação, que abordaremos na dimensão do ritmo intelectual, a duração não exerce influência direta sobre o tempo. Ela apenas fecha o compasso. Essa é a razão pela qual a mudança da Lua não efetua nenhum impacto relevante sobre a realidade, senão a interior. Ou seja, o mês é um tempo implícito, distinto do tempo explícito do momento presente. O mesmo ocorre com a transformação: explicitamente, ela transmuta ou metamorfoseia algo a partir da sua ocorrência.

Isso vale também para o ciclo menstrual: diferentemente de uma gravidez, ele se pauta mais por durações do que por mudanças. Apenas a fecundação poderá iniciar um tempo de mudança, esse sim mais "anual" e Solar, de conteúdo "intelectual", distinto do ciclo lunar da menstruação, cuja natureza é "emocional", se manifesta por durações. E, poeticamente, assim como o Criador não tem mando sobre o ciclo relacional do mês, dependendo da decisão de um tribunal para que seja decretado, também será por decisão terrena a determinação do curso menstrual. Porém, no caso de haver fecundação, então a mudança substitui a duração, fazendo com que o tempo retorne à "administração divina" e também à sua natureza objetiva, não relacional.

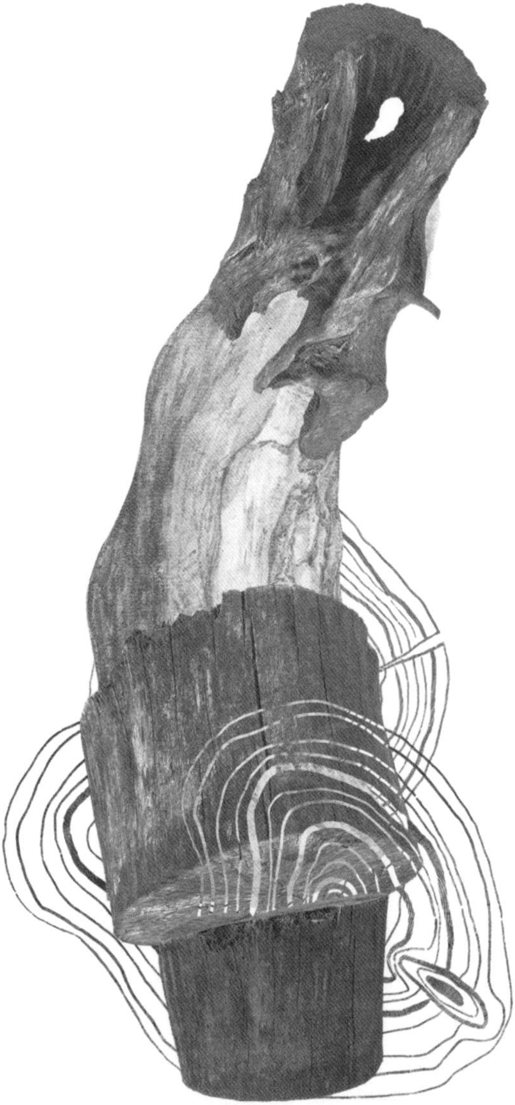

# Harmonias (Ritmo subjetivo)

**Harmonia intelectual — Mudança
(O andamento da festa)**

> *"Dia a dia, eles despejam [tempo] através da fala..."*
>
> Sl. 19:3

*O derramar do tempo se refere às quatro estações do ano. No primeiro dia do equinócio de primavera e do equinócio de outono, os dias e as noites são iguais. Do início do equinócio da primavera até o solstício de verão, o dia pega emprestado tempo da noite; do solstício de verão até o equinócio de outono, o dia, por sua vez, entrega do seu tempo à noite; e do equinócio de outono até o Solstício de inverno, é a noite que toma tempo emprestado do dia. Tudo isso de tal forma que, no equinócio da primavera e no equinócio de outono, nenhum deva qualquer tempo ao outro. Eles cedem um*

> do outro em confiança, e devolvem um ao outro em confiança, não havendo conflito entre eles...
>
> Midrash Tehilim 19:10
>
> "Não há fala, nem palavras, e nem há discussão entre eles."
>
> Salmo 19:4
>
> Rabi Simeon ben Gamliel dizia: "A terra tem quatro nomes: erets, tevel, adama e arka, que correspondem cada um às quatro estações do ano. Erets está vinculada ao equinócio de primavera, quando a terra impele seu produto; Tevel, ao Solstício de verão, quando a terra **tempera** o seu produto; Adama, ao equinócio outonal, quando a terra **fragmenta** o seu solo; e Arka, ao Solstício de inverno, quando a terra **murcha** a sua colheita."
>
> Midrash Gen. Raba 13:12

Estamos adentrando a esfera do ritmo intelectual, na instância da Harmonia, sob a atuação da "mudança". Transformar é fazer algo ou alguém modificar a sua própria forma, transmutá-la em outra coisa. É possível dizer que a mudança é a passagem de um estado a outro. Não se trata, portanto, como na esfera emocional, da simples alteração ou alternância das coisas, mas da ação de influências e impactos significativos sobre a estruturação de algo. O elemento Solar simboliza e representa esta dimensão. O Sol – talvez por sua condição factual de não ser apenas uma imagem nos céus, mas, de fato, um corpo que toca a Terra e a nossa vida com seus raios – provoca efeitos substanciais sobre o nosso mundo. Por essa razão ele é associado a um ciclo temporal conhecido como as "estações". As estações não são meros itens de duração dentro de um ciclo como as fases da Lua – elas promovem transformações consideráveis nos corpos e nos cenários.

A primeira citação, interpretando um versículo dos *Salmos*, revela a natureza desse ritmo. Assim como o Sol ilumina e aquece ciclicamente, transformando o mundo ao longo de suas estações, ele estabelece em seu decurso um ritmo de dias que variam entre noites iguais, menores ou maiores. Esse encadeamento é típico das mudanças, pois elas precisam de "encaixe". O fato "de que cedem e devolvem em confiança" representa essa "harmonia" entre os impactos. Dia e Noite sequer precisam de palavras ou de mediações entre si para que "se entendam" intrinsecamente – algo natural e característico das mudanças. Isso porque eles são engatados, um vai virando o outro em sua essência. Não há qualquer "discussão" ou ruptura porque entre tais entes diferentes não há dois, mas tão somente um – um virando outro. Esse parto entre o anterior e o posterior; entre antes e depois do impacto, gera, internamente, um tempo, um ritmo harmônico. O comentarista se mostra fascinado pelo perfeito entalhamento que ajusta o que era de uma forma e passa para outra. A conexão entre os sequenciamentos, típica das transformações, apresenta o valor da precisão, uma vez que cada partícula do que era, necessariamente, tem que se representar na nova forma de ser. Aparece aqui uma nova dramaticidade temporal, de um desenrolar ou de um curso muito específico. São estágios e estações que vão efetuando o lavrar, o lapidar, da transformação. E assim se manifesta um andamento caracterizado pela harmonia.

Mais forte ainda é a imagem evocada na segunda citação, em nome de Rabi Shimon, que leremos mais à frente. Ela nos convida a imaginar a mudança do estado da terra em consonância com as estações do ano e as variações Solares. Em geral, a terra é um dos símbolos mais sólidos, menos afeita a impactos em sua estrutura entre a maioria das coisas que nos cercam. Imaginar, poeticamente ou objetivamente, uma terra que se transforma com o ciclo Solar, tendo características particulares para cada *saison*, é algo surpreendente. Então temos uma terra primaveril com a propriedade de "impelir", uma terra veranil, capaz de "temperar", uma terra outonal, apta a "fragmentar", e uma terra invernal, que tende a "murchar". Assim como o Sol transforma suas faculdades de calor e luz nas diferentes estações, também a terra se transmuta em relação a seus atributos de fertilidade e produtividade.

Exatamente porque a presença na mudança inaugura algo virgem, recém-estabelecido, é que demanda sagração ou celebração. E assim a tradição judaica instituiu um calendário de Festas, de louvor ao novo tempo fundado. Tal como a percepção evocada em relação a nosso aniversário ordinário, o mero cômputo do tempo de nossa vida produz a sensação de estarmos numa estação temporal, com emoções e percepções próprias. Festejamos, portanto, a transformação da idade anterior na atual, reconhecendo que algo novo do corpo é reinaugurado no tempo. As Festas se revestem do mesmo desejo de sagração que nos evoca a interação entre os raios Solares – seu calor e luminosidade – e a terra fértil. Esta, como o útero, se modifica para gestar transformações. Então assim se constituíram as Festas: festa do plantio na primavera, das primícias no meio do ciclo e da ceifa; festa no final da colheita, na entrada do outono, celebrando a passagem do tempo com as estações.

As Festas promovem o ritmo intelectual da cronologia. A designação de "intelectual" advém da cognição da mudança e da antecipação das repercussões que advirão dessas modificações. Em nosso imaginário, todo o tempo prospectivo, relativo ao futuro, tem contornos desse ritmo. Prenunciamos o futuro por conta das mudanças que ele acarretará, noção que se estrutura a partir das estações e dos efeitos produzidos pela transformação do tempo.

Enquanto os tempos no "campo melódico" apresentam uma natureza consecutiva, aqui, no campo harmônico, o tempo se mostra consequente. Ou seja, o tempo é inferido por coerência ou causalidade. Esse é o tempo intelectual e também o tempo científico, no qual sempre há um agente e um processo envolvido. Como se houvesse um nexo a concatenar os eventos por reação, impacto ou influência. E assim temos o paradoxo da Criação *ex nihilo*, da criação a partir do nada, que põe em andamento o tempo causal. A mesma coerência que postula um tempo dependente de um catalisador a fim de explicar as mudanças é aquela que demanda que o ponto inicial do processo do tempo aconteça antes de ele mesmo, o tempo, existir. Esse "antes" por consequência é claramente uma miragem ou uma maneira de se aproximar grosseiramente da natureza do tempo. Mas, apesar disso, corresponde à nossa experiência.

> *Rabi Shimon ben Pazzi expôs uma aparente contradição no mesmo versículo bíblico (Gen 1:16): "'E Deus formou as duas grandes luminárias!' Em seguida, referiu-se a elas como "uma luminária maior... e outra luminária menor!" 'Isso ocorreu", explicou o rabino, "porque a Lua ousou questionar o Criador: 'Mestre do Universo, é possível que dois reis utilizem uma coroa do mesmo tamanho?' O Criador respondeu: 'Vá, então, e torne-se menor você mesma!' A Lua, porém, protestou: 'Mestre do Universo, fazer isso comigo só porque chamei a atenção para*

> *algo que é sensível?' O Criador admitiu e acolheu sua reclamação: 'Tudo bem, então vá e reine durante a noite, e também durante o dia!'"*
>
> Talmud, Chulin 60b

Nesse relato dos bastidores da Criação nos é revelado o entrevero entre a Lua e o Sol. A polêmica trazida pela Lua é sobre naturezas. Como podem duas naturezas terem soberania sobre uma única realidade? Deus, na qualidade de engenheiro responsável, tenta apresentar uma solução que é quantitativa, propondo que a Lua se contraia e dê ao Sol o mando que lhe cabe.

Claramente – sem a intenção de produzir aqui um jogo de palavras –, a questão diz respeito à luminosidade. Quem vai iluminar o dia? Por que ter duas luminárias com funções iguais? Uma "coroa com o mesmo tamanho" revela a redundância de naturezas.

Numa incrível coincidência, sem qualquer conhecimento científico, a luz fica aqui associada ao tempo. Não se trata da luz que alumia, mas da luz cadenciada que materializa o dia e a noite, o ritmo do tempo em sua experiência diária. Nas vinte e quatro horas do dia, tanto a Lua quanto o Sol participam do tempo. O Sol, porém, é o protagonista do tempo diário, a convenção matriz do tempo. O dia é a medida máster do tempo terrestre. Sim, existem as horas, os meses e os anos, mas todos são multiplicidades ou frações do dia. O Sol obteve soberania absoluta.

Por sua vez, Deus concede alguma compensação à Lua. E faz isso apontando uma impotência do Sol, algo em relação a que a Lua teria ou manteria uma contrapartida. A Lua não estaria submetida às restrições consequentes. Sua capacidade de impactar o mundo seria reduzida; o impacto ficaria como uma prerrogativa do Sol. No entanto, ela poderia aparecer à noite sem "danificar a noite". Ora, se o Sol tentar aparecer de noite, ele vai estragar a noite. O Sol não tem como reinar sem interferir no mundo. A Lua, por sua vez, pode fazer um reinado qualitativo: ser um tempo consecutivo, um tempo que não muda ou transforma; um tempo que apenas dura.

Esse reinado Solar o fez soberano sobre o tempo consequente, mas um tempo que fica ofuscado pela objetividade de sua causalidade racional. A Lua terá virtudes temporais noturnas e diurnas, independentemente desse tempo transformador que se funde no outro. Seu tempo terá características emocionais, e a duração não estará constrita a esse fluxo de causa e efeito. A duração é sequencial, mas está liberada de qualquer compromisso com o nexo consequente do tempo. Exatamente o que apontamos como sendo o tempo mensal, da esfera emocional. Sua essência é uma permanência validada por alguma emoção que o qualifica. Sua dependência é interna: trata-se de uma percepção pessoal, livre do condicionamento da realidade exterior e do mundo.

Com o tempo na esfera intelectual é totalmente diferente. Trata-se de um tempo inegável, porque sustenta-se sobre uma rede de eventos e fatos objetivos que determinam sua interdependência a uma rede de ocorrências exteriores.

As festas e datas comemorativas simbolizam o irrefutável que se estabelece na vida. O inverno e sua neve, por exemplo, só chegam porque o tempo transforma cores, cenários e vidas. E é dessa forma que a realidade se veste de um novo tempo.

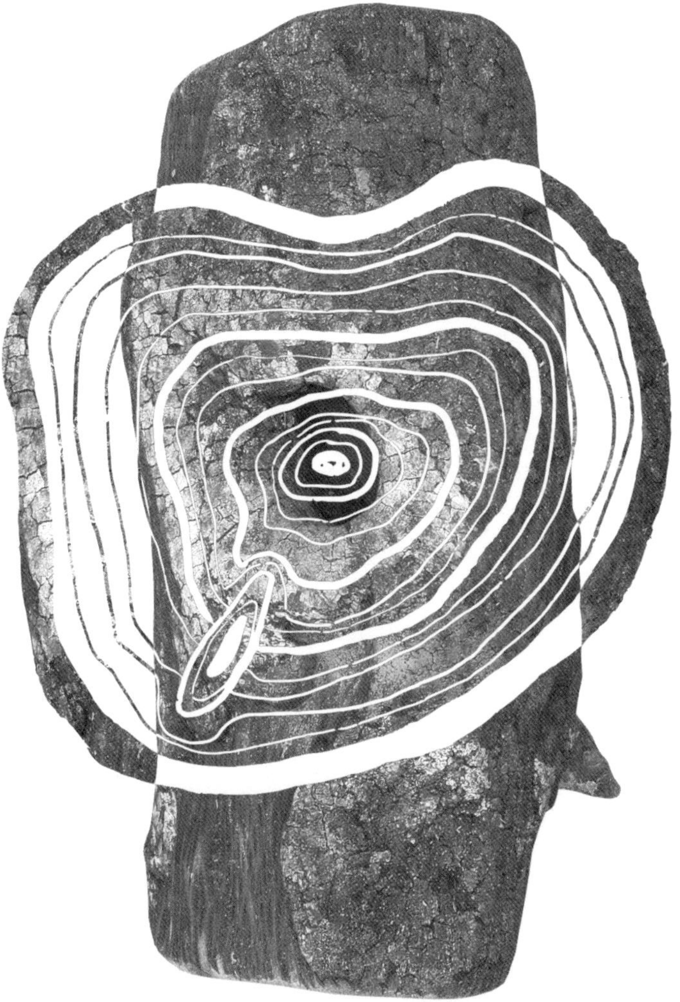

## Harmonia espiritual — Fim (A pausa do sábado)

> *Desde o nascimento até o ocaso, o Sol exalta o Criador!*
>
> Salmo 113:3
>
> *Quando Josué se levantou em Gibeão e pretendeu silenciar o Sol, ele não disse: "Sol em Gibeão, parado!", mas sim, "Sol em Gibeão, quieto!" (Josué 10:12). Porque enquanto o Sol se move, ele canta ao Criador, e porque exalta ao Criador, ganha a potência de se mover. Se o Sol se calar a qualquer momento, ele para. Por essa razão Josué disse: "Quieto!"*
>
> *O Sol questionou: "Você está dizendo para eu ficar quieto?" Josué respondeu: "Sim!" "Mas se eu ficar quieto, quem vai cantar melodias ao Criador?" Josué respondeu: "Fique quieto e eu vou cantar melodias ao Criador!"*
>
> Yalkut Jos. 22

Parar ou pausar é um ato grande. Não é comum que haja uma pausa nas coisas. De modo geral, tudo ocorre incessantemente desde o início dos tempos. Não há pausa programada no relógio porque qualquer "momento", seja ele sequencial ou consequente, pressupõe continuidade interminável até o fim. Claro que existem as constâncias ou as estabilidades, porém elas ocorrem por meio de equilíbrio ou de homeostase. Ou seja, mesmo neste estado de limbo ou de borda, existem "coisas" acontecendo para manter o efeito estático. As forças que se neutralizam não deixam de atuar e acontecer em nenhum momento. Não há parada e não há pausa.

Esse é o tema do comentário sobre o Sol, que "canta ao Criador" sempre. Fazer o Sol parar é algo nitidamente encarado como sobrenatural em oposição à ordem do tempo. O movimento é apresentado como um "cantar", um ritmo que está interligado processualmente. Não há um ponto no qual seja possível parar, todos os pontos são determinados pela cinética do "canto"; todos estão encadeados.

Para efetuar tal milagre, Josué vai ter que compor com a realidade. Ele propõe um esquema no qual se reconhece que não é possível "editar" um único ponto do tempo sem impactar toda a cadeia de sequência e consequência. Por isso, cria uma engenhosa maneira de atingir o efeito desejado. O Sol não cessaria de cantar porque Josué assumiria a tarefa de entoar o tal canto, para que, mesmo "parado", o ritmo não se perdesse. Como se, para obter o resultado esperado de parar o Sol, Josué tivesse que admitir a contrapartida de não interromper a melodia.

Nesta quarta esfera do tempo, buscamos delinear um tempo que possa admitir a pausa. Como dissemos, o tempo consecutivo e consequente não permite pausas. Assim, existiria apenas a tensão de um fim definitivo, infinito, mas nunca de um fim provisório, transitório. Esse vácuo no tempo denominado de pausa seria apenas uma ficção, uma miragem ou efeito ilusório de pausa.

Há, no entanto, uma outra forma de tempo que explica e possibilita a pausa. Esse é o tempo contemplativo, pertencente ao âmbito da harmonia espiritual. A contemplação é uma forma de presença vigorosa que enlaça a percepção de um observador com o objeto que o absorve. Este enlevo de plena atenção produz uma metapresença. Impulsionada para além da mera percepção da própria existência, indo na direção do vínculo com algo externo, a metapresença é capaz de testemunhar e ancorar a existência de si em outra existência.

A força da representação da realidade em contemplação é maior do que a proveniente do próprio existir. Isso ocorre porque tanto a realidade de si quanto a do objeto observado atestam uma nova qualidade de presença.

Na contemplação, observador e objeto produzem um ritmo particular, único. A relevância do tempo pessoal e do tempo do objeto contemplado se tornam maiores do que tudo o mais ao redor; todos os outros elementos do tempo passam a ser desimportantes. E, assim, para quem contempla, consubstancia-se um efeito de tempo particular. Um tempo que passa a ter a propriedade de existir como pausa.

O mesmo ocorre na harmonia de uma música, quando o tempo pausado precisa estar em absoluta tensão ou afinação com notas, compassos e andamentos – só assim é que se vai obter um efeito de suspensão; só assim é que serão obtidas pausas em vez de um término. A existência de um ritmo musical próprio, particular, permite a possibilidade da pausa.

> *Um dos discípulos de Rabi Moshe era muito pobre e veio até o mestre, com quem se lamentou sobre suas condições precárias; estas lhe impediam de estudar e de praticar suas orações.*
> *O rabino respondeu: "Neste momento do mundo... a maior das devoções, maior ainda do que o estudo e as orações, consiste em aceitar o mundo exatamente como ele acontece!"*
>
> Buber, *Later Masters*, p. 166

> *Logo depois da morte do Rabi Moshe de Kobrin, um de seus discípulos foi abordado pelo Rabi de Kotzk, que lhe perguntou: "Qual era a coisa mais importante para o seu mestre?" O discípulo meditou e respondeu: "Aquilo que o ocupava no momento!"*
>
> Buber, *Later Masters*, p. 173

Nas citações acima, vemos duas ilustrações do tempo contemplativo. Na primeira, trata-se do aspecto contemplativo de acolher o que quer que esteja acontecendo no mundo. A capacidade de estar em sintonia com o que acontece, em vez de se deixar ser engolfado por pensamentos sobre o que passou ou o que virá a acontecer, é o que estabelece uma relação contemplativa. Seu efeito é holográfico, como se todo o passado e o futuro estivessem contidos na realidade daquilo que acontece, da forma que acontece.

Essa superpresença desfaz a linearidade temporal, seja de consecutividade, seja de consequência, tornando o que acontece uma espécie de "buraco negro" do tempo, sugando e absorvendo toda e qualquer forma de percepção temporal. O que ocorre, então, contém tudo o que já aconteceu e tudo o que poderá acontecer a partir de seu evento. Esse fato específico é o portal para o tempo total, em que se encontram todos os eventos passados e futuros, concomitantemente. Essa relevância consagrada estabelece uma espécie de mandato especial concedido ao objeto contemplado para que ele "aconteça" irrestritamente.

Na segunda citação, nada mais se mostra valoroso, à exceção daquilo com que o mestre se ocupa no momento. Tudo o mais é prescindível e isso torna o tempo pessoal, pontual – passível, agora, de propriedades únicas, tal como a pausa.

A representação temporal dessa dimensão na tradição judaica é o *shabat*, é o sábado. Conhecido como o dia de descanso, de pausa da semana, o sábado é um período fora do tempo. No texto de *Gênesis* e da criação do mundo, o sábado aparece caracterizado com esse efeito de um tempo transitório separado, pausado, pelo Criador.

O desenrolar do primeiro ao sexto dia da Criação acompanha os tempos sequenciais de formação, que são as durações, e também os tempos consequentes que recriam as coisas por meio das transformações. Céus que se separam, terras e mares que se divorciam, espécies que se modificam e diferenciam. E então é apresentado o elemento contemplativo que ocorre no sétimo dia, quando o Criador descansa.

Ora, supõe-se que Deus não está fatigado, necessitando repousar. Deus está, porém, em estado contemplativo com relação à criação que realizou. Ao fazer isso, cria um mirante, uma plataforma para presenciar, apreciar e entender o que fez. O Criador está contemplativo e tal estado é o que possibilita a "pausa". Esta só pode existir porque relaciona o observador com aquilo que havia criado.

A prática de guardar o sábado na tradição judaica visa aproximar o ser humano de seu potencial de viver um tempo contemplativo. O conceito de um dia no qual o trabalho representado pelos eventos dos dias da semana, de *chol* ou da rotina, está proibido, é uma novidade cronológica. Quando reduzimos ocorrências e acontecimentos e interditamos as agendas, o tempo ganha uma consistência contemplativa.

De forma genérica, todos os rituais evocam este tempo existencial particular. Quando se acende uma vela ou se inicia um culto, a sagração de um momento é a construção de um tempo pausado, de um tempo privado. A pausa é um elemento do ritmo que não depende nem de uma qualidade sequencial nem de uma qualidade consequente, para ser percebida.

Os mesmos paradoxos que se aplicam à infinitude na matemática estão entranhados em nossos conceitos de espaço e tempo. Enquanto a construção da imaginação lógica, conhecida como matemática, concebe tanto o infinitesimal quanto o infinito, em nossa experiência, tudo é finito. O Universo está acoplado a esse paradoxo, que confere insegurança e incerteza a respeito da possibilidade de que a realidade possa ser representada integralmente pela lógica. Entre ambiguidades e imprecisões, interagimos com a vida, fazendo nossas aproximações e racionalizações, visando não perder a afinação e atravessar o canto existencial entoado.

A maestria de aprender a ficar "quieto" sem "parar" totalmente nos oferece contemplativamente a oportunidade de presenciar pausas. Elas são, como a aurora boreal, uma ocorrência rara no Universo. Nossas pausas são obras de arte, tal como foi o sétimo dia para o Criador. Elas não são silêncios ou vazios, mas evidências do ritmo.

Não há vazios porque tudo interage e as influências são como toques, em que algo encosta em algo. Não há intervalos ou suspensões do tempo porque sua passagem é relativa;

ele está alheio a uma motivação ou escolha. Por exemplo: ao entrar na água do mar, não consigo deixar de ser parte dela porque ela me toca em todos os pontos do meu ser. O elemento mais palpável da realidade é o ritmo – que é, por definição, uma capacidade humana de perceber determinada cadência. É ele – o ritmo – o corrimão cósmico, a senda de breves propósitos que determina destinos.

## Fim

A contemplação possibilita, além da pausa, a percepção do fim. A pausa é a interrupção do que é sequencial ou consequencial – um efeito transitório do fim. Em realidade, num contínuo sequencial ou consequencial, nada pode ser declarado como definitivamente terminado. Portanto, é só na implicação da pausa que conseguimos conceitualizar o fim.

Mesmo a morte permanece cercada pela possibilidade espectral da continuidade. Os céticos ou "realistas" parecem deter o conhecimento ou o reconhecimento do fim. No entanto, como nunca o experimentaram, nem mesmo antes do começo, essa é uma crença. O "antes do começo" é inalcançável porque não se viveu o momento inicial tanto da sequência quanto da consequência. Como um paradoxo, tudo o que existe em nós encadeado em sequência ou consequência jamais experimentou a ausência ou o fim. É da experiência de pausa que derivamos o conceito de fim. E isso é particularmente interessante porque significa que mesmo o fim está atrelado ao ritmo.

Esse paradoxo não é estranho ao pensamento. Como apontamos na matemática, o infinito é uma expressão de verdade, quando, na manifestação do que existe, é a finitude que se mostra real. Se fizermos a equação $\infty+1=\infty$, passando o infinito para o outro lado, teremos $1=0$. Ou seja, é real, mas não acontece!

Para imaginarmos o fim que não existe, apesar de tudo acabar, fazemos uma dedução ou uma aproximação do que seria o fim usando como modelo a "pausa". No *Talmud*, isso é explicitado da seguinte forma:

> "O dormir é um-sessenta-avos da morte.
> O sábado é um-sessenta-avos do Mundo Vindouro!"
>
> Berachot 57b

A pausa por ausência, no sono, é uma representação em 1/60 do finamento. A pausa por *shabat*, uma vez que intervala o tempo, é 1/60 da eternidade. Ou seja, o fim é uma ficção a partir da pausa. E é essa a derradeira prova do Ritmo.

O esticar, ou a tensão produzida pelo tempo, é o ritmo que o ser humano percebe, um som ambiente da realidade causado por esse estiramento. Claro, lembrando que aquilo que denominamos pausa é um tempo contemplativo em que fixamos um ponto externo, o objeto contemplado, enquanto este transpassa e singra a nossa própria existência, que observa. Um ponto fixo no infinito e outro no finito e eis que experimentamos a pausa, "um possível fim e um passível começo". Presenciar isso não é pouca coisa!

**QUADRO SISTÊMICO DO RITMO**

|  | FÍSICO | EMOCIONAL | INTELECTUAL | ESPIRITUAL |
|---|---|---|---|---|
| RITMO | MOMENTO | DURAÇÃO | MUDANÇA | FIM |
| PRESENÇA | EVENTO | TRANSIÇÃO | TRANSFORMAÇÃO | TRANSUBSTANCIAÇÃO |
| MÚSICA | NOTA | COMPASSO | ANDAMENTO | PAUSA |
| MÚSICA | MELODIA OBJETIVA | MELODIA SUBJETIVA | HARMONIA OBJETIVA | HARMONIA SUBJETIVA |
| EXPERIÊNCIA | DIA (chol) | SEMANAS | ANO | SÁBADO |
| CICLO | SEMANA | MÊS | FESTAS | FIM-REINÍCIO |
| ARRITMIA | RUÍDO | DESCOMPASSO | DISSONÂNCIA | DESAFINO |
| DESARRANJO | PREOCUPAÇÃO | ANSIEDADE | HÁBITO | TÉDIO-MORTE |
| DESSINCRONIA | PRESENTE FUTURO | PASSADO FUTURO | PRESENTE PRESENTE | PRESENTE PASSADO |

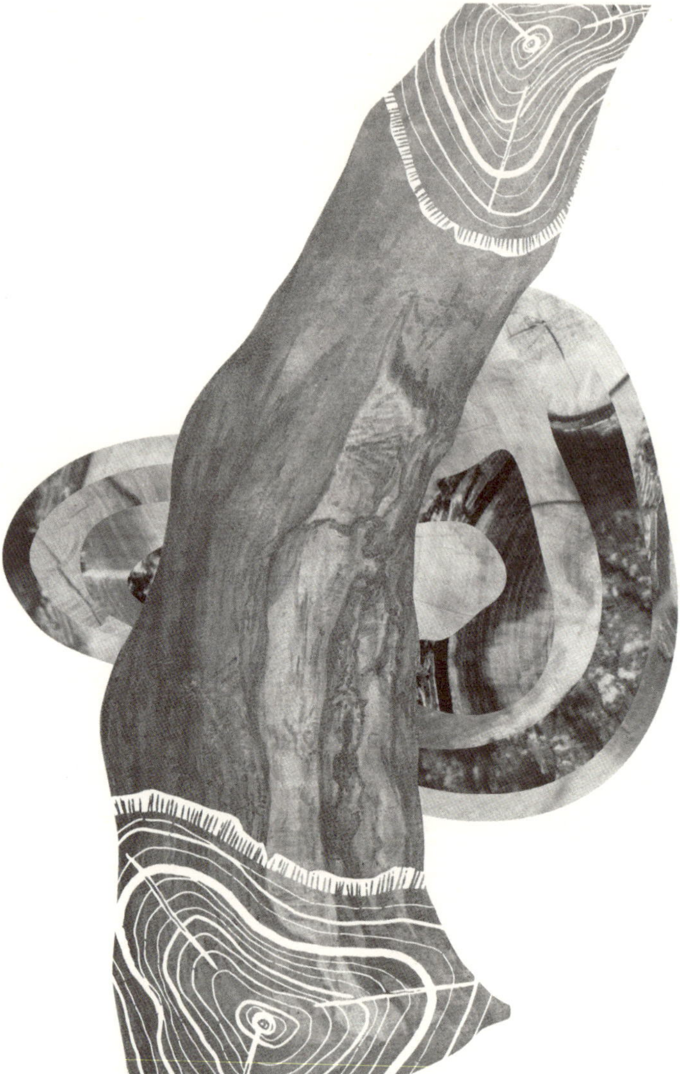

# III

## ARRITMIAS e AUSÊNCIAS

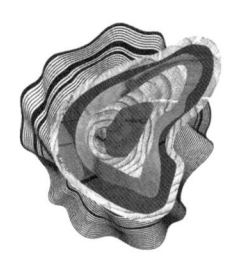

# Ruído físico – Preocupação
## (Presente futuro)

> "Dos meus ancestrais, aprendi essa sapiência: é proibido nos preocuparmos com duas coisas: 1) o que é possível consertar – vá e conserte, por que se preocupar?; e 2) aquilo que é impossível consertar, de que adianta se preocupar?"
>
> Rabi Yechiel Michal de Zlotchov

> "Ao invés de se preocupar com o que fará amanhã, melhor para você se preocupar em consertar o que fez ontem!"
>
> Rabi Zeev de Zhitomir

O ruído é um som indistinto, inarticulado e sem harmonia. Para nossos fins, o ruído é uma interferência que afeta o ritmo e que interrompe ou atenua a presença. E o primeiro nível de ruído, o físico, diz respeito ao "momento" e também à esfera do tempo da rotina e da agenda, que nomeamos de *chol* (o ordinário).

A preocupação é uma forma de ausência da presença. Como dizia o rabino Baal Shem Tov: "Onde os seus pensamentos estão, lá é onde você se encontra!" Isso vale para a ausência; no entanto, os pensamentos não configuram presença. A presença é temporal e está encadeada com o ritmo, constrita à relação sequencial e consequencial. Com os pensamentos é diferente: não são relevantes o suficiente para constituir presença. Para ser sequencial e consequencial, o tempo depende da ação. É o feito e a obra que interferem no mundo e se vinculam ao tempo.

Muitas vezes não percebemos, mas nosso pensamento é um sonho; um sonhar acordado. Estar desperto não é necessariamente um estado de presença, mas um discernimento. Sem ação, você não está no tempo real. Diferentemente da condição contemplativa, na qual um objeto observado estabelece uma "inter-ação", o pensamento é uma inação. A ação depende de um outro ente que você não controla e sobre o qual você age. A ação é política, ou seja, manifesta o interesse de um corpo ou indivíduo atuando sobre outro, e isso configura a própria definição de tempo. O tempo é determinado pelo coletivo das ações. As "inações" são externas ao tempo.

Os pensamentos são regidos por um tempo particular, pessoal. Tal como no sonho, o pensamento impõe uma cronologia ditada exclusivamente por sua vontade. De fato, os pensamentos são a manifestação da vontade, que irrompe e reflete na Solidão das paredes da psique, produzindo um movimento que se assemelha à ação. Há tensão e drama, mas não há política entre corpos, aquilo que estrutura o ritmo e a essência de cronos. O pensamento, exatamente por sua natureza blindada especialmente elaborada para garantir a individualidade e a soberania, é livre e destituído de tempo. É por isso que o pensamento não produz música e se expressa por prosa, razão pela qual você fala consigo e nunca canta para si. O entoar virá de outro lugar distinto do pensamento porque o pensamento é um ruído. Tudo o que está livre para vagar entre o passado, o presente e o futuro não está inserido no tempo. Nossa capacidade de prospectar os diversos tempos, conjugando-os fora da linha sequencial ou consequencial, é o que determina a ausência do tempo. Em contrapartida, a melodia e a harmonia das interações das ações relativas umas às outras geram ritmo e nos permitem perceber o tempo.

    Os pensamentos são ruídos até que assumam uma qualidade psicofísica e realizem ações. É isso que as duas citações acima sobre o tema da preocupação elaboram. A preocupação é o ruído mais trivial de afastamento da ação. Ela se evidencia em sua independência temporal. Na primeira citação, vemos a inutilidade da preocupação tanto para o que pode ser "consertado" quanto para o que não pode ser. Típico da preocupação é o desperdício da oportunidade de, no presente, estar presente. Se há algo a fazer, porque não agir e se ocupar, em vez de se preocupar? E se é impossível consertar, não há presença plausível no cerne da preocupação, porque não há o que fazer.

Em ambos os casos, o rabino propõe o reingresso na malha do tempo, agindo, se houver conserto, ou se ocupando de algo diferente, se não houver. A tática de evadir-se da inação resgata a potência da presença.

Na segunda citação, o espírito da preocupação é exposto. Preocupar-se é impossível porque o futuro não está disponível para ser ocupado. O rabino de Zhitomir propõe então uma pós-ocupação em vez de uma pré-ocupação. A pós-ocupação é realizar, hoje, o que precisa ser remediado de ontem, no lugar de explorar desacertos do amanhã. Por definição, o amanhã é a inação, porque não há o que fazer agora que impacte o amanhã por ação. O passado gerou pendências, arrependimentos ou demandas que têm a potência da ação no presente. O futuro, não.

Essa é a ilusão da preocupação. Pareceria que, assim como posso consertar o passado no presente, posso consertar o futuro no presente. Porém, isso é incorreto: se houve ação no passado, não houve, ainda, ação no futuro. Aí está o ruído físico, propondo um presente futuro que é um território sem ritmo.

A arquitetura dos dias da semana tem a característica de ser intensamente assolada por ruídos. Há ação e presença nos dias da semana, porém as mesmas são entremeadas por uma enxurrada de preocupações. São elas que os tornam ordinários, muitas vezes desimportantes e fugazes, corrompendo a presença numa constância. A presença, porém, não é apenas o incessante, como pretendem os ruídos, mas representa o ritmo que ativa andamentos e harmonias, resgatando a toada e o "en-canto" que a vinculam com o tempo.

A preocupação é a patologia do Presente no Futuro, um artifício só factível pela inação e pelo ruído. Somos tentados a possuir e a viver no tempo interior porque ele parece nos empoderar. Visitar os tempos inconsequentes e intercaláveis é a fantasia suprema da imaginação. No entanto, se o imaginário não conseguir produzir estímulos psicofísicos que resultem em ação, não haverá presença em potência plena. E assim o tempo se dissolve.

Estar no tempo ou mesmo envelhecer é o que mais queremos. Significa que caminhamos com o cosmos, que nos integramos a ele. O artifício de viajar no tempo parece atrativo e cativante, porém significa flertar com a maior das maldições. Da ficção, a esfera na qual imaginamos este risco, surge então uma das representações mais terríveis que um pesadelo pode vir a ter: a desconexão com o tempo. Quando se está vivo depois dos seus filhos e amigos, ou antes deles, ou até quando se experiencia a longevidade para além da própria geração, isso se assemelha a uma maldição. Pois se a preocupação é uma dose aparentemente inofensiva de arritmia, na verdade, ela é capaz de consolidar, gradativamente, a exclusão do tempo e do canto.

Basta que prestemos atenção em uma pessoa preocupada para, imediatamente, identificarmos sua ausência. A presença é fundamental para a consciência, e os pensamentos não podem substituí-la, mas tão somente inviabilizá-la.

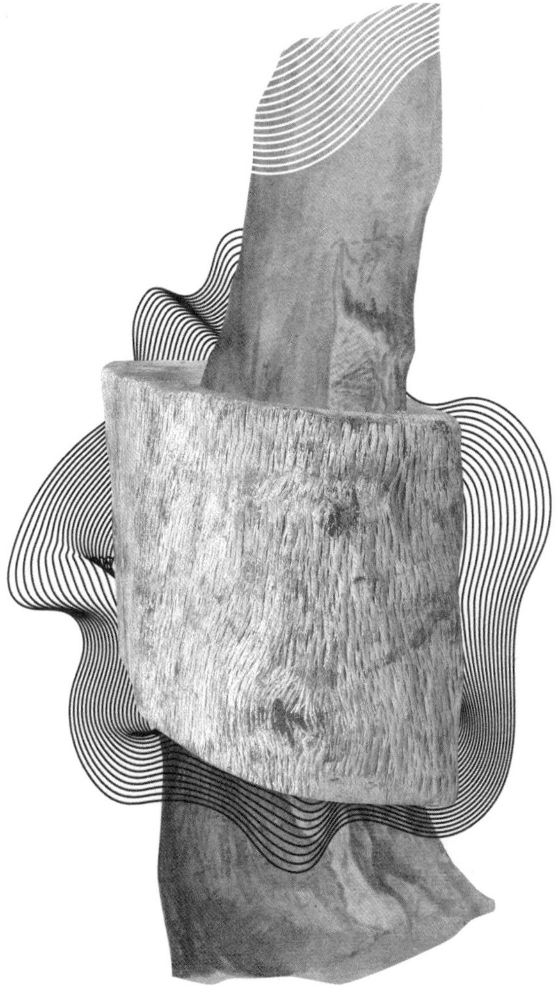

## Descompasso emocional — Ansiedade
## (Passado futuro)

> "E o Senhor de ti desviará toda a enfermidade!" (Deut. 7:15) – quer dizer, o mau-olhado. E, como prova desta opinião, Rava relata que, ao visitar um determinado cemitério, e usando de algum encantamento [para determinar a causa da morte daqueles enterrados ali], constatou que noventa e nove por cento dos mortos tinham morrido por conta do mau-olhado, e que apenas um por cento teria morrido de causas naturais."
>
> Midrash Ex. Raba 24:1

O descompasso emocional é uma outra forma de ruído em oposição à música do ritmo. O ruído, em realidade, se opõe à nota, ao átomo de toda música. Na esfera emocional, sua representação é o descompasso. Temporalmente, o descompasso é distinto da experiência da preocupação, pois esta substitui o momento real por um momento imaginário. Aqui o desvirtuamento não acontecerá com o momento, mas com a duração. A ansiedade é a arritmia em sua representação emocional. Experimentada como uma angústia ou aflição, é popularmente conhecida como *estresse*. Diferentemente da preocupação, que se desconecta com o tempo, o estresse tensiona as durações. Frequentemente, faz isso ampliando durações que exaurem e sobrecarregam o tempo, algo vivido como uma experiência inquietante. Pode também reduzir durações, ausentando a pessoa não por completo, mas fragmentando sua presença. Isso ocorre, por exemplo, quando nos preparamos para algo importante e, por ansiedade, perdemos pé da presença e nos surpreendemos dizendo: "Como assim, já acabou?"

Entretanto, o mais comum é o contrário, a dilatação do tempo. Quando a ansiedade se apresenta como uma fobia, um minuto preso no elevador pode corresponder a uma eternidade. O que faz isso são as emoções e, como sempre, seu carro-chefe, o medo. O medo – o rei das emoções – conecta por meio do tempo o passado e o futuro. Seu sintoma é a exclusão do presente, razão pela qual consegue dilatar durações. O presente é infinitesimalmente instantâneo e toda duração deveria ser um conjunto de presentes. No entanto, a duração descompassada é um conjunto de notas que não estão lastreadas no momento, mas na expectativa da duração. Elas extrapolam o instante e ainda que sequencialmente e consequentemente, conectam passado e futuro. Isso quer dizer que o medo antecipa o futuro baseando-se numa experiência passada ou instintiva.

A anulação do presente, sua antecipação por um possível futuro, resulta na perda de presença. Essa inexistência momentânea responde pelo mal-estar do estresse, experimentado pelo estiramento entre passado e futuro. E a ansiedade provém exatamente da ausência no presente que se manifesta com a morbidez da morte, um personagem temporal frequentemente vivido como uma percepção de incongruência temporal.

A citação acima atribuída a Rava é seminal para conectarmos os pontinhos. A excêntrica constatação de que a imensa maioria das pessoas morre de mau-olhado é foco central do comentário. Mas como assim? Qual a relação entre morrer e mau-olhado e entre mau-olhado e estresse?

Comecemos por afirmar que toda ausência presencial é mórbida. A experiência de inexistência, para um vivo, por mais diminuta que seja, é funesta e soturna. O pesadelo de ficar fora da festa da vida é tanto o terror da morte definitiva quanto as ausências impossibilitantes.

Rava identifica que a maioria das pessoas morre não por disfunções físicas inerentes ao "desgaste de material", mas do estresse deliberadamente exercido sobre o "material". Segundo ele, as pessoas se matam antes de ter a oportunidade de morrer. E como elas fazem isso? Pelo mau-olhado.

Normalmente associado à inveja, o mau-olhado é um olhar enviesado. Note-se que o sentido mais sequencial e consequente que dispomos é o olhar. "Eu estava lá", que é a expressão ícone da presença, corriqueiramente é associada à sensação visual do "eu vi!". A visão oferece uma relação de sequência e consequência típica dos caderninhos que existiam nos primórdios do cinema: "Isso veio antes disso e causou aquilo e eu vi." Aí se constitui a verificação mais comum da presença. Um olhado, portanto, que tenha alguma anomalia, um mau--olhado, causará uma perturbação na percepção cronológica.

O mau-olhado é um olhar ou uma presença ansiosa que equivale, na realidade, a uma ausência provocada emocionalmente. Quando não queremos algo (medo) ou quando não gostamos de algo (inveja), alteramos nosso olhar para não estar ali. No medo, trata-se de um movimento de fuga; na inveja, de negação. Em ambos os casos, porém, o recurso é o mesmo – se ausentar.

Curiosamente, a ausência tem o efeito contrário de ampliar durações. Isso é evidente, porque exatamente por se tratar de um truque, uma manobra, você se ausenta, quando na realidade está ali. Então, o momento que deveria ser superposto por um outro momento se congela ou entra em modo "câmara lenta", provocando a dilatação do tempo e a sensação distorcida do medo, a tal ansiedade ou estresse. Esse procedimento é realizado quando se secciona o presente e se sutura o passado ao futuro.

Nesse *frankenstein* cronológico, a maioria das pessoas sucumbe. Rava faz essa revelação bombástica – de que as pessoas abreviam ou são responsáveis por sua própria morte, no mau uso de seu tempo. Um mau tempo é semelhante a um mau-olhado, que produz uma má duração e leva a uma má presença. E a morte por má presença é um pleonasmo.

> *"A inveja e a ganância provêm de duas diferentes fontes: as pessoas nascem invejosas, mas a ganância é nutrida e adquirida!"*
> Rabi Menachem Mendel de Kotzk

Toda inveja e toda ganância descompassam a vida. Ela se torna refém de sentimentos que ignoram o presente como uma estratégia para evitar o que não querem e o que não gostam. Nesses estados invejosos ou gananciosos, produz-se uma arritmia temporal na qual as pessoas não vivem ausências pela subtração de momentos, mas pela deformação das durações que experienciam. Lentas ou rápidas, as durações se tornam mórbidas e geram aflição. Mais que isso, abrem a porta para uma nova dimensão de arritmias temporais e distúrbios presenciais – os hábitos.

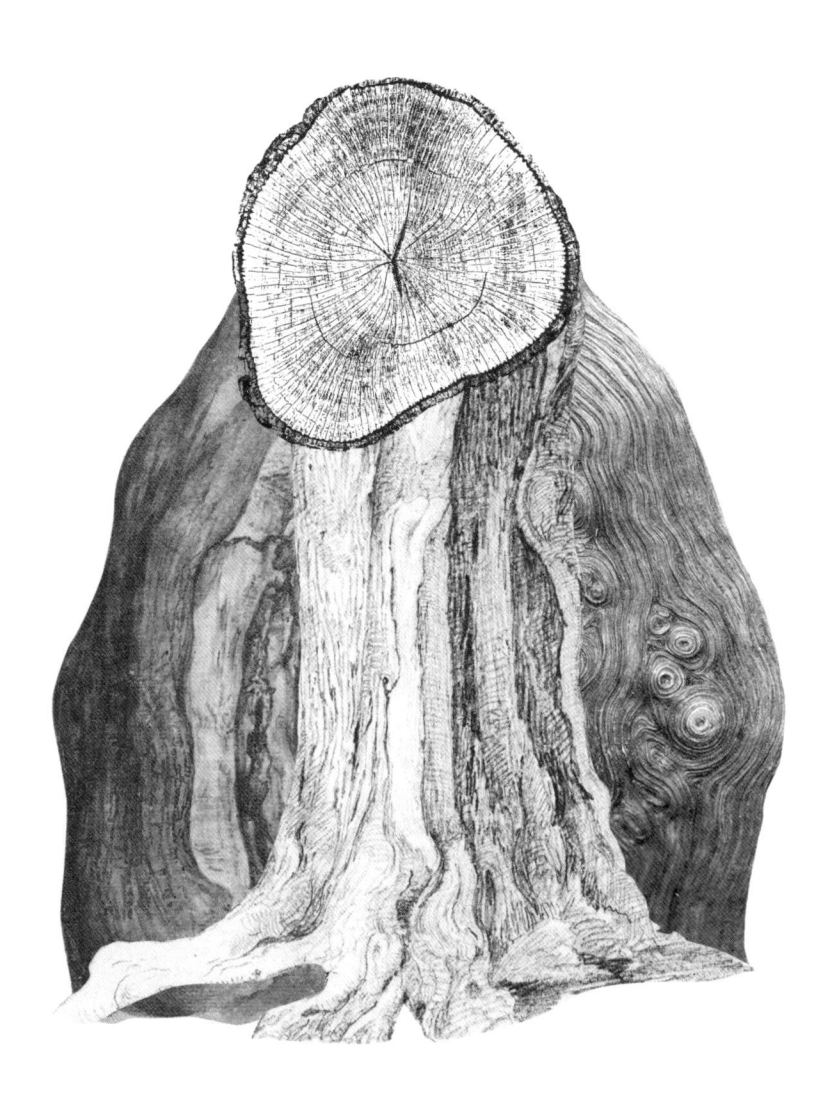

# Dissonância intelectual – Hábito (Presente passado)

> Rabi Yaacov disse: "Este mundo é como uma antecâmara do Mundo Vindouro; prepara-te na antecâmara para que possas adentrar no salão principal."
>
> Pirkei Avot 4:16

> "Aquilo que é torto não se pode endireitar; e aquilo que possui faltas não se pode acertar."
>
> Ecles. 1:15

> Esse versículo se refere ao mundo vindouro. Neste nosso mundo, aquele que é torto pode ser endireitado, e aquilo que possui faltas pode ser acertado. Porém, no mundo vindouro, o torto permanece torto e as faltas não têm acerto.
> Como na história de dois perversos que eram amigos neste mundo. Um deles se arrependeu antecipadamente pouco antes

de morrer, mas o outro não. É assim que o primeiro se vê na companhia de justos, enquanto o outro se descobre entre perversos. Ao ver a condição do amigo, o segundo exclama: "Ai de mim! Haverá alguma possibilidade de imparcialidade diante da justiça divina? Ele e eu roubamos juntos, ele e eu furtamos juntos e também juntos fizemos várias coisas erradas na vida. Entretanto, cá está ele na companhia de justos, enquanto eu estou com os perversos!"

De imediato e sem rodeios, lhe disseram: "Seu tolo, então não sabes que ele se arrependeu e buscou penitências ainda em vida?" Ao ouvir isso, o perverso implorou: "Permitam também que eu me arrependa e que busque penitências!" Responderam: "Seu tolo, então não sabes que este mundo é como o shabat [o sábado]? E que o mundo de onde vens é como o erev shabat, a sexta-feira à tarde, a véspera do sábado? Se uma pessoa não faz suas preparações na véspera do Shabat, como irá se alimentar no Shabat? Esse mundo é como o mar e o mundo de onde vens é como a terra firme! Se você não se preparar para a navegação, como irá se alimentar em alto-mar?"

Ecles. Raba 1:15

Tratamos agora da arritmia na esfera intelectual. O intelecto responde pelas decisões e escolhas de nosso arbítrio. Importante lembrar que o ritmo relativo a essa categoria é o tempo das mudanças, o que gera uma percepção de "andamento" a partir de transformações e metamorfoses. As coisas e os corpos, ao se tornarem diferentes, estabelecem uma categoria específica na cadência do ritmo.

Caberá ao hábito representar o conceito atrelado à arritmia: uma vez que está associado a uma ação repetitiva, isso introduz um componente mecânico e involuntário que distorce o ritmo. Ações que não são deliberadas, que não são criativamente talhadas para estimular a presença, funcionam como dissonâncias do ritmo. O hábito é o inverso da mudança – é a permanência e a resistência à transformação. Sua ocorrência impacta o tempo e a presença.

O hábito deseja impor o passado ao presente. Padrões, condutas e comportamento ficam assim atrelados às experiências passadas, que visam reproduzir um tempo dissonante. E isso acontece justamente porque, dessa forma, o futuro é substituído por um tempo já vivido e reeditado.

Estamos adentrando o campo das anomalias rítmicas harmônicas, distintas das "melódicas", que dizem respeito à preocupação e à ansiedade. Tais anomalias são produzidas não por ameaças concretas à integridade física e emocional, mas por formas mais abstratas que impactam os níveis intelectual e espiritual. São relativas, portanto, aos distúrbios de propósitos: nessas esferas, o ritmo é pressentido pela tensão temporal da transformação e do fim. O tique-taque das transformações e dos "términos" é que atua para manifestar o ritmo e a presença em tais esferas.

Os aspectos da renovação e da criatividade são as forças que tornam uma pessoa "presente" nessas dimensões do tempo. É preciso um estiramento, uma tensão de propósitos. Essa tensão advém do aperfeiçoamento e da mudança. É assim que o futuro terá uma presença no tempo presente. A estagnação e o hábito fazem este ritmo se tornar dissonante e deformado por estar unicamente atrelado ao passado.

Dizia Reb Nachman de Bratslav: "*Se amanhã você for a mesma pessoa que é hoje, então para que serve o amanhã?*" Ou seja: "o amanhã", que aqui é a representação de um novo presente, deve ter algum grau de independência com relação às ocorrências do passado. Certamente, haverá sempre alguma sujeição ao passado – um voto, mas nunca um veto. Como se o atributo da criatividade fosse uma repercussão cósmica reverberante do ato criativo da Gênese do Universo. Assim, ao criarmos algo, o tempo se expande na direção criativa ditada pela Criação inicial. Tal força cocriativa impacta tudo aquilo que existe, produzindo ínfimas e novas subcriações.

É acerca disso que as citações do início desta seção elaboram. Nosso mundo está em oposição ao mundo vindouro, o mundo pós vida. O mundo atual é a antecâmara que, de forma alguma, pode ser considerada secundária em relação ao salão principal. Muito pelo contrário: sua função é distinta e, como parece sugerir Rabi Yaakov, até mais importante.

É apenas no ritmo deste "mundo" que as coisas ganham a propriedade de se transformar, uma vez inseridas no tempo. Na eternidade, na ausência de tempo, não há possibilidade de o torto ser endireitado e de a falta ser aprimorada. Aqui se mostram as características que irão fazer da finitude não a ausência do tempo, mas um dos elementos de sua presença, de sua harmonia. Comentamos que o ser humano não consegue "matar o tempo", porque o tempo é a matéria fundamental para experimentar propósitos e manter a tensão temporal intelectual.

É belíssima a imagem evocada pelo comentário: ela explica que o perverso não tem como experimentar tanto a sequência como a consequência no mundo fora do tempo. O shabat, o sábado, representa esse espaço fora do tempo, que é um gostinho, algo que equivale a 1/60 da eternidade. E, apesar de trazer bênçãos, trata-se de um tempo inócuo e impróprio para a transformação, reservado à vivência do fim e da pausa. A ação está na véspera, ou em todos os dias da semana e seus momentos. Só ali, na "semana", é possível mudar e aperfeiçoar; só ali é o lugar da transformação.

O hábito debilita ou até inviabiliza a possibilidade de ação, impondo-lhe a condição de uma reação, tornando o ritmo dissonante. Não há propósito nas reações, elas têm seu motivo no passado. A ação sempre implica vínculo a um futuro propositado, enquanto a reação reverte esse possível futuro e o transforma num passado, inviabilizando o propósito inicial. É verdade que o passado terá sempre participação na transformação, porém não conta com uma potência transmutadora que precisa ir além do sequencial ou consequencial. Ou seja, o que define o futuro é a participação no estiramento do tempo para que a ação não perca sua natureza rítmica e não se torne uma mera reação.

A atitude reacionária, de repetição do habitual, estabelece uma deformidade no ritmo intelectual. O tempo fica desfocado por manias e vícios, produzindo a anomalia rítmica de ausência de propósitos.

> *O rabino de Ropshitz relatou o seguinte incidente:*
>
> *"Durante o cerco a Sebastopol, o czar Nicolas estava a cavalo junto às muralhas, quando um arqueiro inimigo mirou em sua direção com o objetivo de alvejá-lo. Um soldado russo percebeu o que estava prestes a ocorrer e gritou, assustando o cavalo, que se agitou e acabou retirando o czar da mira da flecha. Agradecido, o czar disse ao soldado que poderia recompensá-lo com qualquer favor que desejasse. O soldado então disse: 'Nosso sargento é muito bruto e violento', ele vacilou. 'Ele constantemente me agride... e se eu pudesse ser transferi-*

> *do para servir junto a outro sargento, ficaria muito grato!' Então o czar bradou: 'Tolo, seja você o sargento!'*
> *Somos assim: pedimos por pequenas necessidades do momento e não pelo que poderia nos redimir!"*
>
> Buber, *Later Masters*, p. 194

A transformação pode ser representada por esta metáfora de virar você mesmo o "sargento", em vez de apenas dar conta dos problemas que o sargento causa. A ação é evidenciada pelo ato de "virar"; a reação, por sua vez, representa a ação de "lidar com o sargento".

Para nosso interesse, vale registrar a componente intelectual do ritmo do tempo. Nossas ações intencionadas e arbitradas, expressas por atos e feitos, ganham uma dimensão propositada, a qual movimenta e dá "andamento" ao tempo.

A presença humana demanda esse tipo de autonomia para se manifestar. Qualquer comportamento automático que não interaja com a crítica humana reduz a presença intelectual, corrompendo o ritmo com dissonâncias. A harmonia existencial que entoa o ritmo humano depende desta componente intelectual. Sem ela, instintiva ou habitualmente, o humano se faz menos presente.

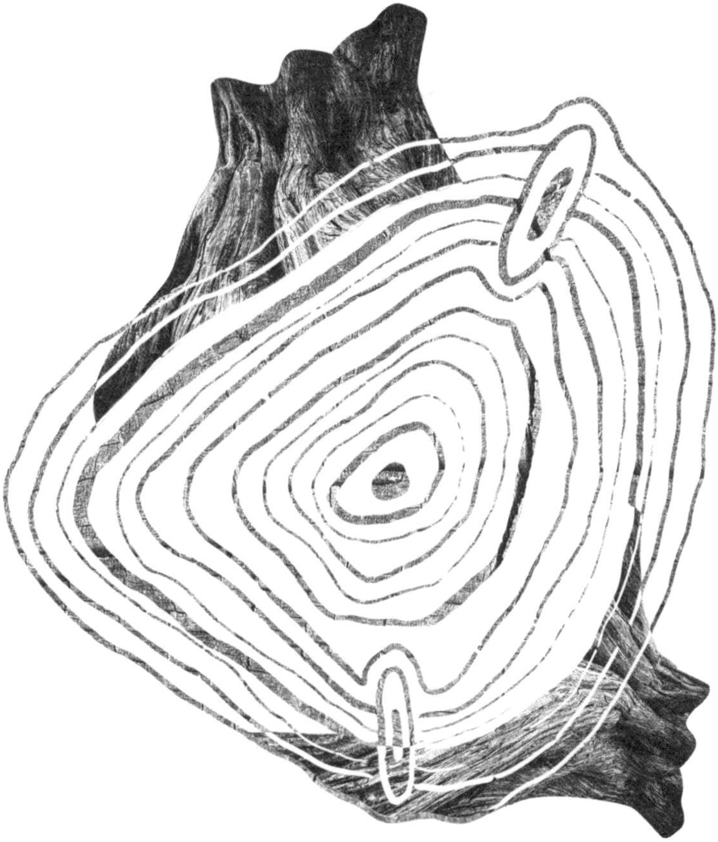

## Desafinar existencial – Tédio
## (Presente presente)

> Judah ben Tema costumava dizer: "Aos cinco anos se está adequado para as Escrituras [alfabetização]; aos dez, para o Mishna [comentários]; aos treze, para o cumprimento dos preceitos; aos quinze, para a Gemara [estudos mais profundos]; aos dezoito, para o dossel do casamento; aos vinte, para 'correr atrás' [do sustento]; aos trinta, para atingir o pico da virilidade; aos quarenta, para a compreensão; aos cinquenta, para o conselho; aos sessenta, para a maturidade; aos setenta, para a cabeça grisalha; aos oitenta, para a resiliência; aos noventa, para se curvar [pelo peso dos anos]; aos cem, para a morte, como alguém que passou por este mundo e não mais pertence a ele!"
>
> Pirkei Avot 5:21

> *Falando em nome de Rabi Shimon ben Eleazar, Rabi Shmuel bar Itschak disse: "Há sete menções à palavra 'frivolidade' no livro de Eclesiastes, correspondendo a sete mundos que um humano visita. No primeiro ano de vida, ele é como um rei em seu dossel, sendo abraçado e beijado por todos; aos dois anos, ele é como um porco, enfiando os dedos na sarjeta e colocando tudo o que encontra em sua boca; aos dez, ele saltita de um lado a outro como um cabrito; aos vinte, ele é como um cavalo relinchando, ao se fazer atraente na busca por uma esposa. Quando casado, é colocada uma sela sobre ele, e ele se mata de trabalhar como um jumento. Quando traz crianças a este mundo, tem que rosnar como um cachorro para trazer o sustento para si e para os seus. E, quando envelhece, ele se encurva como um macaco!"*
>
> Ecles. Raba 1:2

A anomalia do ritmo que vamos observar aqui é o tédio, a manifestação do desafinar que ocorre na dimensão espiritual do ritmo. Esse distúrbio ocorre devido à incapacidade de se lidar com o fim e com as pausas, e é assim que se produz uma cacofonia existencial.

Nossa primeira citação tenta apresentar um encadeamento de platôs e finitudes em nossa própria experiência cronológica. Cada etapa da vida apresenta um aspecto para o qual há um propósito específico. As descobertas e maturações revelam o fim de etapas. O fim é a possibilidade de um novo começo. Sem a alternância de fins e começos, a experiência se torna desafinada.

Com certeza, muitas das características de cada uma dessas etapas permanece como uma disposição da vida, mas elas precisam terminar para permitir novas possibilidades. Sem esse relevo existencial temporal, há grandes chances de desenvolvermos o tédio, a linearidade vivencial que definha e descaracteriza o sentido da vida.

Dizia Kafka com mordaz objetividade: "O sentido da vida é que ela termina!" Ora, o sentido depende do estiramento que a vida produz, da excitação de usufruir e experimentar o efêmero. É assim que o tempo se apresenta para além da transformação, manifestando-se como algo que se fecha e se conclui. Essa harmonia profunda da finitude ressoa na música rítmica de tudo aquilo que está exposto ao tempo.

O tempo do sábado, do *shabat*, é aquele que finda a semana. Ele teria a função de dar, constantemente, um fim ao tempo, como uma dramaturgia da finitude rendendo novo vigor ao tempo.

A segunda citação, por sua vez, é feita de um comentário ao livro de *Eclesiastes*, devotado ao tema da finitude. Atribuída ao rei Salomão, essa escritura é lida ao final da colheita, no outono, a fim de aproximar seus leitores da temática da impermanência. Com um teor semelhante à afirmação de Kafka, ela sugere que o "fim" robustece o tempo – como se fosse mais um de seus componentes. O "fim" representa o surgimento de outras relevâncias. Ele nos conclama a amadurecer para elas. As "frivolidades" ou as irrelevâncias ("vento dos ventos") são essenciais para que o fim ganhe a "textura" de algo apropriado, que ocorre através da decadência e da obsolescência de algo inserido no processo temporal.

Utilizando os animais como símbolos das várias etapas da vida humana, a passagem diz que começamos como reis e que, depois, viramos porcos, cabritos, cavalos selvagens, cavalos domesticados, jumentos, cães e, por último, macacos. Claramente, além da passagem do tempo e de novos interesses e naturezas, todas essas etapas são desimportantes e revelam o quão pueril é nossa existência. Dessa forma, fica mais fácil exercitar o desapego. E é assim que cada etapa é apresentada sob uma forma reles e ordinária, representando o desgaste e a deterioração de tudo. Com isso, promove-se uma desvalia que auxilia o desapego a fim de que ultrapassemos os vários estágios da existência.

O tédio é o resultado de algo que não é nem concluído nem superado. Ele representa uma "obesidade" do presente, expandindo-o em câmara lenta, como um presente distendido ou engrossado. E no tédio, apesar de o presente parecer ampliado, perde-se em presença. O presente, na verdade, fica insosso e sem graça se não estiver tensionado e alongado tanto pelo passado, em um polo, quanto pelo futuro, no outro.

O tédio é a "morte" em vida. A morte é definida pela perda da tensão entre passado e futuro – algo que, por via de um presente eterno, retira o morto do tempo. Aquele que faleceu não fica enclausurado no passado, mas preso, para sempre, no presente. A memória de quem está no tempo, essa, sim, funcionará como um passado, mas o morto permanecerá na inércia do presente eterno e absoluto. Isso porque o término ocorre sempre no presente, não no passado. Quando nossa existência finda, não há mais como nos engatarmos ao passado, que se dissolveu juntamente com o futuro. Ser prisioneiro do presente não representa a presença máxima, mas, ao contrário, a ausência mórbida e atemporal de estar congelado na desesperança de um presente sem futuro e na solidão de um presente sem passado.

> *Para tudo/ seu momento/*
> *E tempo para todo o evento/ sob o céu*
> *Tempo de nascer/ tempo de morrer...*
> Ecles. 3:1

O livro de *Eclesiastes* traz o tema da contemplação do tempo. O tempo não tem valor em sua substância, mas no que ele acolhe. O tempo é um receptáculo, mais do que um item; um ambiente, mais do que um objeto. O tempo que acolhe se transforma num momento, momento esse que se presta como recipiente de todo tipo de experiência.

Dois momentos, no entanto, são chaves – o nascer e o morrer. O nascer parece mais simples porque admite um próximo momento sequencial capaz de instaurar um futuro. Porém, a sensação de que há um passado, seja ele atribuído à formação do feto, à existência de ancestrais ou à história familiar e étnica, é ilusória: não há passado real. Antes da concepção não se produziram momentos. Como ocorre em todo início, a única conexão da concepção com o que havia anteriormente é por meio de um fim.

O morrer, por sua vez, é mais complexo: nele não há passado ou futuro. Sim, a memória passada e a descendência futura se assemelham a momentos, mas não são. Não há mais momentos na morte porque, com ela, nossa participação no tempo termina. Por essa razão, a morte deve permanecer como um mistério em aberto, um futuro já definido, mas indeterminado e oculto. Essa é a cláusula maior da consciência da finitude: para que continuem a existir momentos e para que continuemos no tempo, não temos a informação de quando a morte virá.

> Tudo fez formoso em seu tempo; também pôs o mundo no coração do homem, sem que este possa descobri-lo...
>
> Ecles. 3:11
>
> A palavra "ha-olam" (mundo) é aqui erroneamente escrita sem a letra "vav", e deve ser lida então como "helam", "ocultou". Não tivesse o Criador ocultado do coração humano o dia da sua morte, nenhum humano construiria uma casa ou plantaria um vinhedo, porque diria em seu coração: "Amanhã talvez eu morra – por que deveria me levantar da cama ou me preocupar com o outro?" Por esta razão, o Criador ocultou o dia da morte dos humanos, para que continuassem construindo e plantando. Se for merecedor [com bons feitos], seu espólio será seu; se não for, será para outros.
>
> Yalkut Ecles. 968

Na condição de um momento em aberto, indeterminado e indefinido, a morte é o compromisso que nos mantém no tempo. Nosso imaginário, que muitas vezes se desvia para a morbidez, é o epicentro das arritmias temporais. Seja a preocupação, a ansiedade, o hábito ou o tédio, todos usurpam presença e desvirtuam tanto a melodia quanto a harmonia cósmica do ritmo. Daí a complexidade humana de viver a relatividade do tempo. Devemos preservar a sensibilidade da escuta rítmica que nos agrega presença, mas não só; devemos também ser cuidadosos com as armadilhas arrítmicas de nossas faculdades mentais e da nossa imaginação.

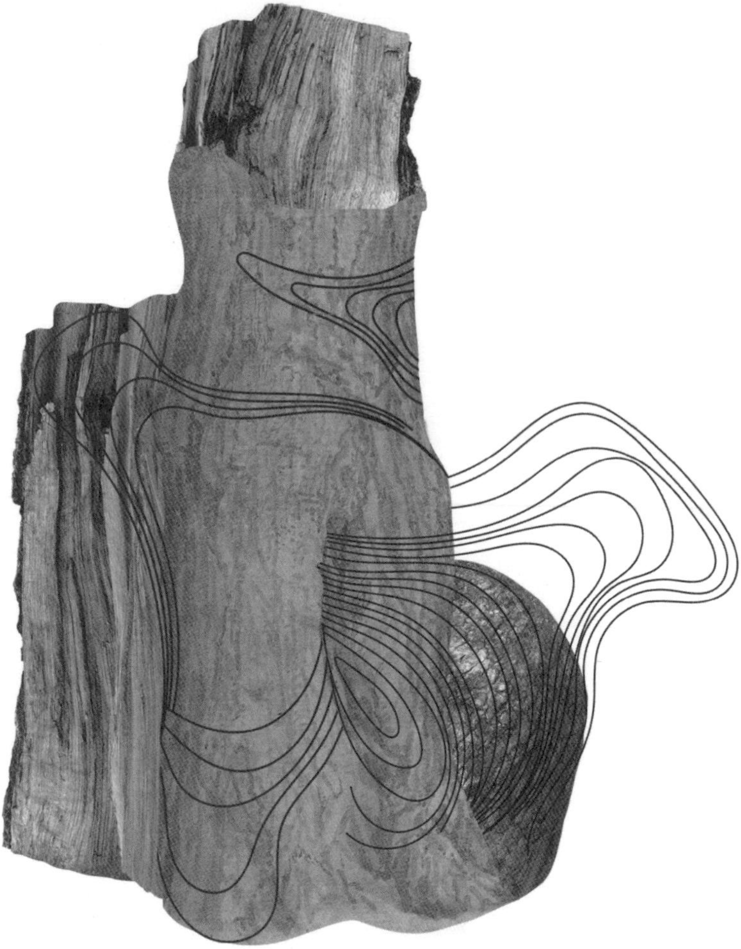

# APÊNDICE

# 1
## Ritmo e presença

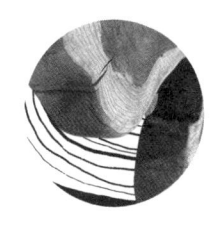

> *O profeta vê o futuro, o rabino vê o presente.*
> *Muitas vezes é mais difícil ver o presente do que o futuro!*
>
> Rabi Naftali de Ropshitz

O presente é o mais complexo e difícil dos tempos. Primeiramente, porque não tem duração: por conta disso, fica impossível perceber estados e tendências a partir de um único ponto. Ao longo do livro, afirmamos várias vezes que a presença está no ritmo, não no presente. É pelo vínculo ao ritmo que o instantâneo comparecimento ao presente se dá. Portanto, a arte de ver ou presenciar o presente se torna um desafio maior do que a de antever o futuro – este, apesar de factualmente inexistente, tem durações em nosso imaginário.

Em segundo lugar, o presente, diferentemente do futuro, só é constituído de ação, não havendo possibilidade de inserirmos uma "intenção" nele. A intenção é sempre uma conversa entre o passado e o futuro, já que qualquer coisa que se faça no presente será feita na condição de uma ação. Uma intenção, por exemplo, no presente, é uma ação. Porque a própria inação, mesmo que assolada por intenções, se torna uma ação de omissão ou de ausência. Não há como estar no presente sem agir, porque é ela, a ação, a nota musical que irá constituir o ritmo entre passado e futuro.

Definimos assim que a presença é em si uma ação e que é ela o sustentáculo do tempo. Ela impacta tudo o que existe.

Talvez a função do rabino, diferentemente daquela do profeta, seja a de nos ajudar a nos colocarmos na liderança e no protagonismo de nós mesmos. Mais do que ter um compromisso com a ponderação crítica e justa do sábio, um líder deve estar focado sobretudo na tomada de decisão e nas atitudes daí decorrentes. O presente está para o líder e para o gestor; o futuro, para o sábio e o legislador. Por isso, o rabino se torna o vidente do presente, apontando compromissos com congruência e valores que devem nortear a ação. Sua função é contemplativa, enquanto que a do profeta é aquela que infere por causalidade. O profeta está desperto para o encadeamento sequencial e consequencial das ações. Sua função é calcular e traçar trajetórias.

Não há dúvidas de que o profeta contribui para o futuro e para a tomada de decisões; cabe ao rabino, porém, a difícil tarefa de posicionar presencialmente um indivíduo. É nessa esfera que ocorrem as mudanças e as transformações.

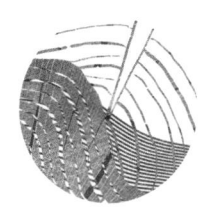

## 2
### Ritmo e causalidade

> Rabi Abahu estava sentado, ensinando em uma das sinagogas de Cesareia. Ele notou um homem que carregava um pedaço de pau e que estava prestes a atingir uma pessoa. Atrás do homem, viu um demônio carregando uma barra de ferro. Rabi Abahu levantou-se de imediato e disse ao homem: "Você quer matar este homem?." O homem replicou: "Com este pau, como alguém pode matar outra pessoa?" Rabi Abahu respondeu: "Há um demônio parado atrás de você. Ele tem uma barra de ferro. Se você bater nesse homem com seu pedaço de pau, o demônio vai atingi-lo pelo outro lado com sua barra de ferro, e o homem morrerá!"
>
> Lamentação Rabba 1:30

A experiência é uma afinação acurada produzida pela exposição ao ritmo do tempo. Quem conhece o ritmo com intimidade consegue ver os anjos da causalidade que se espalham como a cauda de um cometa na passagem do tempo.

Rabi Abahu está vendo uma consequência a perseguir uma causa, supostamente subvertendo o tempo. Consequências são sempre a sequência da causa catalisadora, e não o contrário. No entanto, quem está sintonizado no ritmo sabe que o passado pode simular o futuro. Assim, podemos antever possíveis ações no presente que a presença não contempla. São ações das ações ou dois presentes conjugados por uma ação que implicará em outra (já então, o futuro).

Rabi Abahu está vendo este tempo presente gêmeo e pode, assim, antever o futuro imediato. Ele está diante de um presente que já está imbricado com um futuro. Tecnicamente, não está profetizando, mas observando e contemplando o presente.

O ritmo oferece tal possibilidade. Assim acontece quando conseguimos, muitas vezes, sem conhecer uma canção, antever a nota ou a palavra que virá a seguir. Não é uma fatalidade impondo-se sobre o futuro, mas uma sensibilidade, uma afinação.

O novato ou o principiante encontra nesta faculdade de ver anjos atrelados às ações, ou seja, anjos prestes a executar ações conjugadas, uma forma de magia ou de ação sobrenatural. Porém, não é necessária qualquer intervenção ou manipulação do tempo para que possamos experimentar estas antevisões. Tal possibilidade inclusive amplia o conceito de "premeditação". Dependendo da experiência de vida e da maturidade de um indivíduo, ele deveria ser responsabilizado não só pelas ações, mas pelas ações que, por negligência, se encontram contidas na própria causa, independentemente da possibilidade de ser uma consequência.

Por essa razão, a tradição cobra mais dos justos e dos sábios: eles deveriam conhecer as ações atreladas à causa e, além disso, se responsabilizar por presença (independentemente de qualquer fator futuro para a consumação da ação).

## 3
### Ritmo e atalho

> *Por que razão Rabi chorou, quando revelou esse ensinamento: "Há pessoas entre nós que conseguem ganhar o mundo vindouro, o Paraíso, em uma única hora"?*
>
> *Porque aquilo que pode ser adquirido em uma única hora, pode ser perdido em meia hora!*
>
> Rabi Zelig de Sharansk

O comentário se refere ao ensinamento que diz que uma pessoa pode, por genuíno arrependimento, se regenerar quase instantaneamente. No entanto, o Rabi chora ao fazer essa afirmação, o que resulta na pergunta e na resposta do comentário. Aquilo que pode ser apressado tem, sim, a potência de gerar o efeito suficiente e esperado, porém preservará sua própria estrutura temporal.

Podemos pular de ano na escola e conseguir resultados satisfatórios, mas a fragilidade temporal gerada pela carência, pela inexistência do tempo vivido, poderá ser notada em deficiências e imaturidades que acompanham mesmo uma situação de sucesso e resultados positivos.

Nada pode substituir a exposição ao tempo porque nela há presenças insubstituíveis e imprescindíveis. O atalho é capaz de oferecer uma sensação, uma impressão, mas a fragilidade do que não foi presenciado sempre contará.

Então você realmente foi de um ponto a outro mais rápido, porém o tempo que deixou de viver permanece sendo um caminho fundamental – um caminho por onde não passou. O que ocorreu foi uma troca com o objetivo de conseguir algo, mas para a qual perdura o débito rítmico do tempo encurtado.

A experiência é a essência da presença. O que não foi experimentado por presença, bem como todas as ações que foram anuladas por conta da abreviação temporal, nada disso pode ser recuperado ou ressarcido senão apenas pelo próprio tempo.

Ou seja, resultados encurtam distâncias e abreviam durações, mas nunca desprezam ou desconsideram o tempo. O tempo próprio não pode ser acelerado no campo físico porque ele é uma interação, estando imune e blindado contra os desejos e objetivos particulares. Apenas no imaginário o tempo é elástico, adensando-se por rapidez ou lentidão. Na experiência factual, menos tempo é menos tempo, sempre, não resultando em nenhum ganho real.

Essa realidade tem um impacto enorme em nossas vidas. Não é incomum acreditarmos ser possível economizar tempo por via de atalhos, porém é a presença no tempo que pode fazer um curto caminho se tornar longo; ou um longo caminho se tornar curto. Como uma miragem, o tempo parece se prestar a nos poupar. Mas, seja de que maneira for, por atalho ou caminho comum, o tempo continua tendo as mesmas propriedades.

Sem presença, ou seja, sem passar pelas durações e sem acolher as transformações, não há qualquer ganho de tempo.

E, como apontamos, o uso deste recurso pode, na verdade, levar a um consumo ainda maior daquilo que, em princípio, queríamos poupar: o tempo.

Realmente, é algo de chorar, como faz o Rabi.

# 4
## Encaixes rítmicos

> *Uma história conta sobre dois homens caminhando por uma estrada. Um deles enxergava, o outro era cego. Quando se sentaram para comer, pegaram um pouco da grama e dela comeram. Como resultado, aquele que enxergava ficou cego e o que era cego recuperou a visão. Quando partiram, o primeiro teve que ser guiado pelo segundo, que até então havia sido guiado pelo caminho!*
>
> Tanchuma B. Hukat 1

A passagem acima descreve um outro aspecto curioso do tempo, que é seu efeito de encaixe. Assim como o final e o começo são juntas que se emendam por sequência e por causalidade, existe também a implicação da passagem do tempo que desgasta e renova.

Não há nenhuma referência de que este comentário se refira ao tempo. Porém, "caminhar na estrada" é um indício de percurso ou processo. Há também a referência à "grama", que é uma metáfora da transitoriedade e da impermanência. A referência do Salmo (103:15) é clara: *"Quanto ao humano, os seus dias se assemelham à relva, à erva do campo, pois quando o vento passa por ela, logo desaparece, e seu lugar deixa de ser conhecido!"*

É provável que os dois homens estejam comendo da mesma relva, a substância da transitoriedade. Seu efeito é perceptível na transmutação das condições entre o cego que passa a enxergar e o homem que tem visão para depois perdê-la. As potências se desgastam e se renovam como uma forma rítmica da vida. E assim a criança que nada vê ou discerne é carregada pela mão em sua caminhada por um adulto, que avista e distingue. Mas ao comermos dessa grama sobre a qual sopra o vento, a temporalidade reverte nossas condições. E assim o adulto se torna velho, cego e necessitando de condução. O jovem, por sua vez, amadurece, podendo agora guiar e conduzir aquele que perdeu visão e potência.

Não há dúvida de que a finitude é uma manifestação do tempo. E nós a sentimos e a percebemos a todo momento. Mesmo a juventude conhece encaixes entre infância e adolescência. Nas várias etapas em que, ao nos assentarmos no campo da vida, nos deparamos com a grama sobre a qual passou o vento, nos damos conta de que, do dia para a noite, potências vão e vêm.

# 5
## Ritmo e propósito

> *Rabbi perguntou a Rabi Yoshua ben Korhal: "Como você conseguiu viver uma vida tão longa?" Rabi Yoshua reagiu: "Você está invejando a minha longevidade?" Rabi respondeu: "Minha pergunta concerne à Torá, ou a quais seriam os preceitos para uma longa vida que eu deveria aprender." Rabi Yoshua então respondeu: "Na minha vida inteira, nunca fixei o olhar numa pessoa perversa!"*
>
> *Quando Rabi Yoshua estava prestes a morrer, Rabbi disse a ele: "Abençoe-me!" Rabi Yoshua disse: "Possa ser a vontade dos Céus que você alcance metade dos meus dias!" Então Rabbi perguntou: "Mas por que não o número completo de seus dias?" Rabi Yoshua prosseguiu: "[Enquanto estiver vivo] você imporá à geração posterior à sua que nada faça além de observar o gado pastar!"*
>
> Talmud Meguila 28a

Essa passagem relaciona ciclos e propósitos. Na primeira cena, Rabbi quer conhecer os segredos da longevidade. Rabi Yoshua o repreende por perceber sua motivação "perversa" de estar invejando sua duração. Rabbi, sinceramente ou para defender-se da acusação, diz que seu interesse é apenas conhecer preceitos referentes a viver uma longa vida conforme apontado na Torá, nas Escrituras. Ele não estaria pedindo conselhos pessoais, mas tão somente perguntando ao mestre por instrução acerca do estudo.

Na segunda cena, com uma pitada de ironia, quando Rabbi se aproxima para pedir a bênção ao moribundo Rabi Yoshua, este sai com a desconcertante petição para que Rabi tenha metade dos seus dias.

O discípulo, preocupado em entender por que lhe é conferida uma bênção tão mirrada, recebe uma resposta no mesmo tom da cena inicial. Se a longevidade estava no âmbito do estudo e da Torá, que ele vivesse metade dos seus anos a fim de liberar espaço acadêmico aos que o sucediam.

A resposta que surpreende e não atende à expectativa de Rabbi faz um jogo de significados com a primeira parte. Se a questão da longevidade não foi feita por interesse pessoal, então abrir espaço e permitir que novos alunos ocupem um espaço no tempo é algo que não deveria ser uma maldição, mas uma bênção.

Ou seja, aqui aparece a resposta à primeira pergunta. A longevidade só tem sentido quando associada a um valor existencial. Ninguém precisa de tempo para não fazer nada, precisamos de tempo para realizar e estarmos presentes. Para a atemporalidade, o nada é muito mais pleno do que existir no tempo sem alguma função. Sendo assim, muito pior é a eternidade do que o desaparecimento. Isso porque o presente contínuo e infindável da inexistência é muito menos aterrador do que um futuro inteiro e eterno de tédio.

A longevidade de Rabi Yoshua se deve a "nunca ter fixado o olhar no perverso". O olhar encantado para si e para preservar a si próprio, é ele o tal "fixar o olhar numa pessoa perversa": perverso é olhar apenas para si mesmo.

# 6
## Ritmo da meia-noite

> *À meia-noite me levantarei e farei louvores a Ti!*
>
> Sl. 119-62
>
> *Uma harpa ficava pendurada sobre a cama do rei David. À meia-noite, um vento do norte começou a soprar sobre a harpa, e então ela se pôs a tocar sozinha. Isso despertou David. Ele então se levantou e louvou o Criador.*
>
> Berachot 3b
>
> *Reb Nachman explicou: "Vento do norte": "vento" é uma referência ao espírito, e a palavra "norte", "tsafon" em hebraico, tem também o duplo significado de "oculto". Então, a música da meia-noite simboliza o despertar de um espírito oculto no ser humano!*
>
> The Candelabrum, Tales of the Talmud, p. 55

Meia-noite é um momento especial para percebermos o cantar do tempo. Na tradição judaica, não se trata da convenção das vinte e quatro horas, mas do momento em que há uma quebra na noite; aquele momento quando, mesmo na escuridão da madrugada, o dia toma o bastão da noite e assume a regência. Refiro-me aos instantes em que, por exemplo, voltando de uma festa ou durante a insônia, presenciamos as roldanas cósmicas girando uma sobre a outra. O vento traz a brisa desta temporalidade e nos sincronizamos com seu andamento. Tal cadência promove louvores de salmos. Eles estão presentes na sinfonia composta pelos piados dos pássaros, pelo cacarejar do galo, pelo estridular do grilo e pelo coaxar do sapo. O ritmo deste entoar nos recoloca em vínculo e desperta um espírito, uma identidade adormecida.

Claro, a meia-noite pode ser o pôr do Sol, ou o nascer do Sol, bem como o surgimento da Lua, de uma tempestade ou da fragrância de terra molhada quando começa a chover. Todos esses eventos de sincronia deflagram trilhas sonoras, melodias que não sabemos de onde vêm. Elas surgem da harpa interna, que reverbera pelo sopro desse espírito oculto, dessa bússola cronológica inserida no ritmo de nossa finitude e no esticar do passado ao futuro. Tudo isso fixado num tempo presente.

Ficamos emocionados com a arte de presenciar o ritmo e nos entregamos, abandonando os tempos pessoais da imaginação. O canto do tempo é representado por essa comunhão que ressoa e impacta, permitindo à alma um suspiro temporal que oxigena, realinha e relaxa. Qualquer canto ou manifestação do ritmo é, em última análise, estar no tempo.

# 7
## Ritmo e motivação

> Os seres celestiais quiseram revelar ao Rabi Shlomo de Karlin a língua dos pássaros, a linguagem das árvores e a linguagem dos anjos. No entanto, ele se recusou a aprendê--las até que lhe explicassem a importância de cada uma dessas línguas para o serviço do Criador. E foi somente após lhe explicarem que ele consentiu em aprendê-las e, a partir de então, serviu ao Criador também com estas línguas!
>
> Buber, *Early Masters*, p. 275

As línguas em questão não são prosas, mas cantos. Rabi de Karlin evidenciou isso quando se disse interessado em conhecê-las tão somente se lhe fosse revelado o serviço específico para o qual cada uma delas fora destinada. A temporalidade se manifesta justamente no serviço, o que automaticamente gera um ritmo.

Tudo aquilo que existe não só foi formado pelo passado, mas dispõe também de um futuro. Tal tensão é a potência de musicar a existência – é o que fazem os mundos vegetal, animal e até angelical. Basta ser um ente, uma entidade, para que a motivação de sua existência o inclua no ritmo do tempo.

A recusa do rabino, de apenas tomar conhecimento dos cantos sem ter acesso à função que os motiva, revela sua sabedoria. Um canto não pode ser aprendido apenas a partir de suas notas. Para que isso aconteça também serão necessários compassos e andamento a fim de que a música seja reproduzida. Da mesma forma, a concretude do presente – esteja ela por si só ou desvinculada da tensão rítmica gerada por passado e futuro – não faz sentido. Mais do que isso, trata-se de uma expressão mórbida da presença, uma forma empalhada, externa à arquitetura do tempo.

Dizia o rabino Israel de Modzhitz: *"Quando ouço uma pessoa entoar uma canção, posso inferir o quão profundo corre o 'temor aos céus' em seu coração!"* Ou seja, o canto revela o "temor", o assombro ou a mais profunda consideração por aquilo que motiva uma pessoa. Podemos dizer que o temor é o senso de motivação; ele é uma atribuição ou incumbência que responsabiliza e engaja a pessoa no tempo.

Uma vez que tenhamos compreendido o ritmo desses outros entes, suas músicas tornam-se também referências para a nossa própria música. Esse canto motivado é que dá acesso à filarmônica temporal do cosmos. Cada indivíduo ou coisa que saiba a sua música pode se juntar ao grande concerto universal do tempo.

# 8
## Ritmo e morte

> *Quando chega nossa hora de morrer, o Criador tira a sua parte de nós e deixa apenas aquelas formadas pelas contribuições de nosso pai e de nossa mãe. Ao ver-nos, eles choram. O Criador pergunta: "Por que estão chorando? Acaso tirei alguma coisa de vocês? Eu apenas tomei de volta a parte que era minha!" Eles respondem: "Mestre do Universo, enquanto a sua parte estava misturada com a nossa, nossa parte estava preservada de vermes e larvas. Porém, agora que retirou a Sua parte, nossa parte ficou exposta a vermes e larvas!"*
>
> *Rabi Yehuda, o patriarca, costumava contar uma parábola para ilustrar esta questão: "Um rei possuía um vinhedo e o arrendou a um inquilino. O rei disse então a seu servo: "Vá e colha as uvas do meu vinhedo, tome a minha parte e deixe lá a parte relativa ao inquilino." O inquilino reclamou e o rei questionou: "Acaso estou tomando algo que é seu? E não é apenas daquilo que é meu que estou me apropriando?" O inquilino respondeu: "Meu senhor, enquanto o seu estava misturado ao meu, minha porção estava protegida de espoliação e roubo. Agora, porém, minha porção está exposta à espoliação e ao roubo!"*
>
> Ecles. Raba 5:10

A morte, como tudo aquilo que diz respeito ao tempo presente, é um mistério. Na citação, somos apresentados à ideia de que os humanos são parceiros de Deus na vida e na presença. O material do pai insemina elementos do corpo físico dos filhos, enquanto o material da mãe, igualmente, insemina outros elementos. A Deus cabe implantar o espírito para formar a vida. Quando chega a hora de partirmos deste mundo, o Criador coleta a sua parte sob protesto dos pais.

Tal como na parábola, o componente ou a parcela divina não apenas desfalca, mas desmantela por completo a natureza sistêmica da vida. Então, embora achem Deus justo por coletar apenas o que Lhe pertence, os humanos Lhe apresentam reivindicações por perdas indiretas.

Ao coletar o espírito, Deus causa ao humano o desfalque da faculdade de reconhecer o ritmo e o alija do tempo, impossibilitando qualquer mudança ou transformação, fazendo com que o humano perca em sequencialidade e consequência.

Presencialmente, esse desaparecimento é realmente misterioso porque o corpo permanece em sua íntegra num presente eterno, fora do tempo. O que cessa, porém, é muito bizarro: a participação no tempo. O corpo em si ainda jaz no tempo, mas destituído de propósito. Ele se decompõe e retorna à sua condição temporal sem presença, incapaz de promover vínculos com o ritmo. E, sem ritmo, tudo se decompõe atemporalmente.

## 9
### Ritmo e repetitividade

> *Então cantaram Moisés e os filhos de Israel este cântico [shira] ao Eterno... (Ex. 15:1).*
>
> *Todos os cantos entoados no passado bíblico são tratados como "cânticos" no gênero feminino, significando algo como: "Assim como a mulher dá à luz de novo e de novo, as situações se repetem." Observe que os livramentos ou salvações do passado foram seguidos de sujeição e escravidão: aos babilônicos, aos persas, aos gregos e à Roma, que se levantaram contra Israel. Porém, a salvação definitiva, aquela que está destinada a acontecer, essa não será sucedida de uma nova servidão ou domínio. Como está escrito: "Cantai ao Eterno um cântico [shir] novo, porque fez maravilhas; a sua destra e o seu braço santo lhe alcançaram a salvação." (Sl. 98:1)*
>
> Ex. Raba 23:11

O comentário acima aponta para o uso diferenciado da palavra "canto" no feminino e no masculino. Excluindo o conceito de gênero da esfera da sexualidade, onde há enorme interferência cultural e política, e posicionando-o na esfera das naturezas, há algo importante em tal observação.

O texto apresenta a forma feminina – *shira*, o canto feminal – como sendo o elemento reprodutor e reincidente do Universo. E assim, para caracterizar a universalidade, posiciona-se na narrativa histórica de dominadores que se alternam recorrentemente.

A ideia de gerações que advêm do útero feminino representa o aspecto reiterativo e duplicável que, no livro de *Eclesiastes*, aparece figurado pela expressão: "Não há nada de novo debaixo do Sol!" O tempo se nutre de processos repetitivos que caracterizam seus ciclos e equilíbrios, com prazos e continuidades. Portanto, o feminino seria a mãe da duração, do período em que as coisas permanecem até serem repetitivamente renovadas.

Já a forma masculina – o *shir*, o canto varonil – representa o tempo da surpresa e do inesperado. Simbolizando a esfera da transformação, este canto corresponde ao extraordinário, ao imprevisível e ao fortuito.

Do abraço e do amor entre *shira* e *shir*, entre o canto feminino e o masculino, representando respectivamente os ciclos e o inesperado, nasceu o silêncio.

O silêncio é a representação musical do encontro do previsto e do imprevisto. Como dizia Rabi Menachem Mendel de Kotzk: "O silêncio é o mais doce dos sons!"

## 10
### Ritmo e criatividade

> Reb Nachman ensinou: *tiSHRei* se conecta com a palavra *"SHIRah"*, que significa *"canto"*. Ao início do sétimo milésimo ano da Criação do mundo, este será recriado novamente. Então uma nova canção será entoada. E o sentido mais profundo desta afirmação dos sábios é que, quando o mundo for recriado no sétimo milésimo ano, uma nova canção será cantada.
>
> Reb Nachman de Bratslav

A Criação estabelece uma física, uma química, uma matemática e um tempo específico para o seu Universo. Dessa partitura emana o ritmo de sua realidade. Esse ritmo não é único ou absoluto – outros podem ser criados, mas exigirão uma música própria.

Na citação de Reb Nachman, ao término do sétimo milênio haveria um recomeço, e com ele o surgimento de uma música nova e própria. O ritmo sempre exigirá notas, compassos, andamentos e pausas, porém como e quais serão, isso dependerá da intencionalidade do compositor.

Listamos, na verdade, as quatro dimensões utilizadas em toda esta série. Porque a física é o mundo físico e suas leis; a química é o mundo emocional, o mundo em que a matéria "se emociona" e interage; a matemática, por sua vez, representa o mundo intelectual e a racionalidade que rege as fórmulas da realidade; e, por fim, o tempo estabelece diretrizes para a existência.

Aqui, a ideia de sete mil anos representa um ciclo imaginário de uma fatia de tempo que exerce a finitude de tudo. Porém, apenas a música é finita: a possibilidade de novas músicas é infinita. Uma *shir chadash* – um canto novo – é a presença monolítica do Universo na realidade.

O novo contém objeto, sequência, consequência e finitude e terá seus próprios momentos, durações, transformações e pausas.

E, apesar de estarmos irremediavelmente enclausurados em nossa canção e ritmo, contamos com o recurso do imaginário para conceber e contemplar a possibilidade de novas canções. Os únicos efeitos práticos desse saber são a humildade e a reverência que ele pode produzir.

A Criação e as fagulhas de criatividade que se espalharam pela realidade nos fazem conhecer e apreciar o novo.

Nessa série *REFLEXOS E REFRAÇÕES* serão retratados os sete signos que formam a constelação simbólica das *Sefirot*, na tradição cabalística. Traduzindo a vida num espectro de manifestações, cada um dos livros, com seu título próprio, vai abordar uma distinta reflexão da existência: o risco, a cura, a alegria, o afeto, o ritmo, o sexo e o poder.

As reflexões, por sua vez, são tratadas em quatro diferentes refrações ou esferas: a física, a emocional, a intelectual e a espiritual.

*Cabala e a arte da manutenção da carroça* é o livro inaugural da série.